AF302546

Geschichten zum Zuschauen

Gedanken, Gedichte und Kurzgeschichten über Träume und Geträumtes.

von Karl Forster

IMPRESSUM

Copyright © 2019 by Karl Forster, Bad Grönenbach-Zell
Umschlaggestaltung: Karl Forster
Umschlagfoto: Karl Forster
Fotos im Innenteil: Karl Forster
(Seite 34 bis 59 von den als Texttitel genannten Personen)
Verlag und Druck: Tredition GmbH, Halenreie 40-44, 22359 Hamburg

ISBN 978-3-7497-4930-0 (Paperback)
ISBN 978-3-7497-4931-7 (Hardcover)
ISBN 978-3-7497-4932-4 (e-Book)

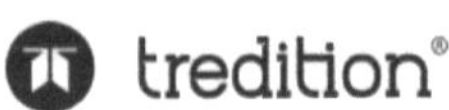

Für Monika, die mich mein Zaudern überwinden lässt,

für Marion Vera, die mich immer wieder motiviert,

und für alle, die mich zu einem Text ermutigt oder inspiriert haben.

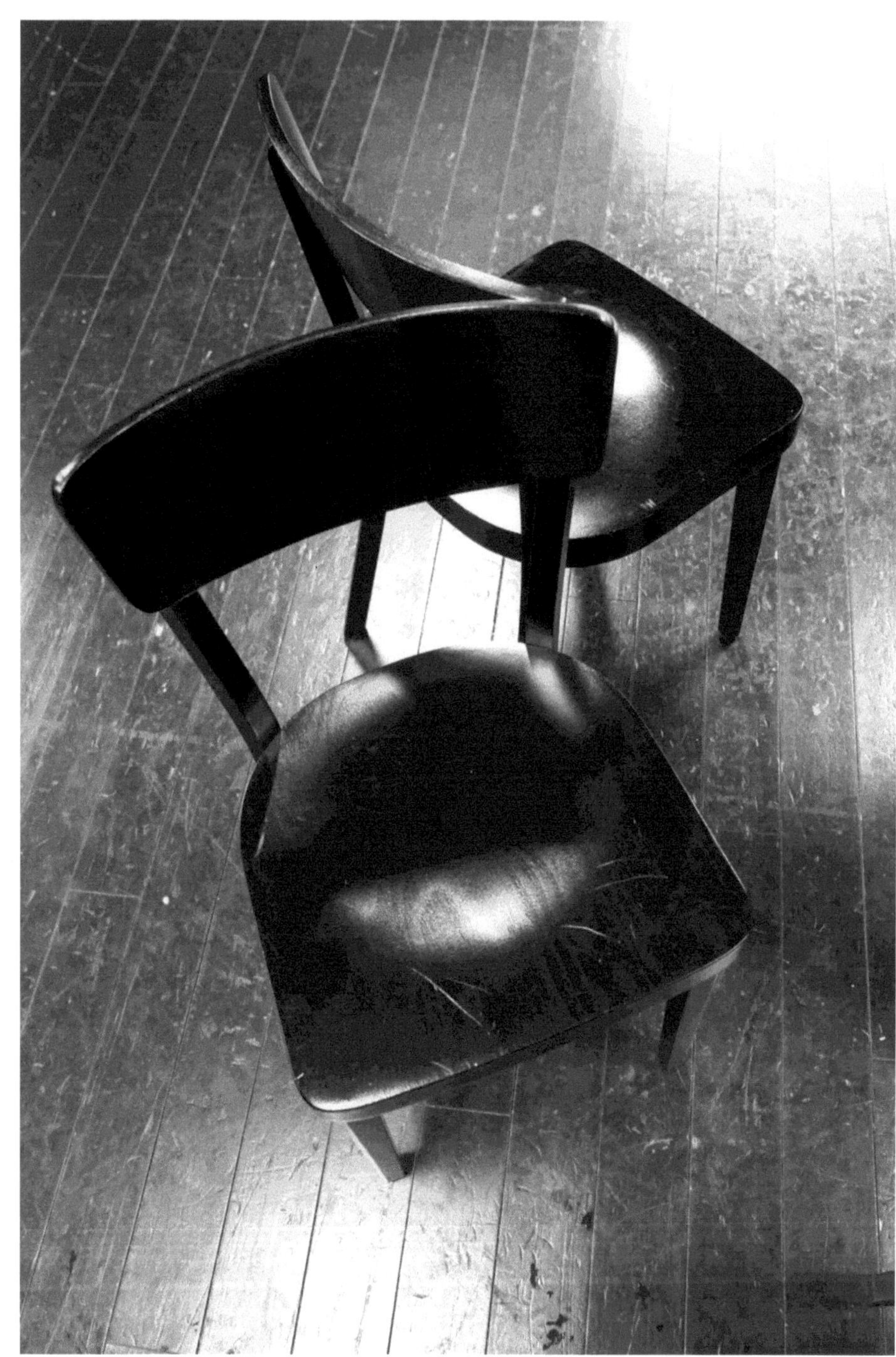

Inhalt

Das traurige Schiff

Eigentlich bin ich für das Wasser bestimmt, aber ich stehe auf Stützen im Allgäu, weitab von Meereswellen und Ozeandünung. Ich roste vor mich hin, seit Jahren. Sicher tut mir das nicht gut und es wird immer unwahrscheinlicher, dass ich noch irgendwann meiner ursprünglichen Bestimmung zugeführt werde.

Ich selbst habe den Eindruck, dass ich ganz schön robust bin und bestimmt sicher über die Weltmeere segeln könnte, wenn ich nicht noch länger hier auf dem Trockenen stehe und weiter vor mich hin roste. Man würde mich wohl einen gemäßigten Kurzkieler nennen, so ein Ding zwischen traditionellem Langkieler und sportlichem Kurzkieler.

Auf Sport bin ich nicht getrimmt, da ist schon mein Stahlgehäuse zu schwer dafür. Aber sicher wäre ich wohl, rundum fest und mit meinen kleinen Fensteröffnungen auch gegen schwerste Brecher ziemlich gut geschützt. Ich bin schon ein ganz prächtiges Stück, oder könnte es nach meiner Fertigstellung sein. Mit über fünfzehn Metern Länge und fast fünf Metern Breite bin ich doch ziemlich mächtig und würde im Wasser rund zwanzig Tonnen verdrängen.

Gut sechs Tonnen Blei würden mich stabil im Wasser halten und meinen Passagieren viel an Sicherheit bieten.

Ein Skeg vor dem Ruderblatt habe ich auch, damit nichts passiert, wenn ich mal wo dagegenrauschen würde – ja, wenn…

Bevor ich hier unter den Bäumen gegenüber einem landwirtschaftlichen Holzstadel abgestellt wurde, stand ich auf einem anderen Nichtwasserplatz im Allgäu, nicht weit von meinem jetzigen Lagerplatz – im Wasser würde es dann Liegeplatz heißen - entfernt.

Blau kenne ich nur vom Himmel über mir, nicht vom Wasser unter mir und um mich herum, wie es meiner Natur entspräche.

Wo ich in meinen aktuellen Zustand gebracht wurde? Gebaut, also mein Kasko – so heißt der Zustand meiner Unfertigkeit – wurde ich bei einer Firma im Tal der Günz, wenigstens ein Flüsschen und damit ein Hauch von Wasser bei meiner Kiellegung.

Die Günzwerke GmbH, so hieß das Unternehmen in dem ich in den Neunzigern des vergangenen Jahrhunderts sozusagen das Licht der Welt erblickte, gibt es nicht mehr. Kein Eintrag im Branchenregister, keine Adresse. Ich war eines der letzten Objekte, das die Hallen verließ oder vielleicht sogar verlassen musste. Vier Jahre lag ich ohne Zuwendungen irgendwelcher Art unter manchmal blauem Himmel und nur Regen brachte mir vertrautes Nass.

Beim Transport an meinen jetzigen Platz musste die Luft aus den Reifen des Aufliegers gelassen werden, weil ich mir sonst meinen Kajütaufbau unter einer Autobahnbrücke angestoßen hätte.

Mein Erbauer ist nach Australien gereist mit dem Versprechen, wiederzukommen und mich fit für die Meere zu machen. Wenn ich dann auch noch die beiden Achtzylinder-Motoren in mir und den langen Weg über Land ins große Wasser überstanden hätte, wollte er mit mir zurück nach Australien segeln, zuvor aber noch rund um die Welt. Nur die Aussicht auf diese Reise in meinem ureigenen Element hat mir die Kraft verliehen, so lange gegen den nagenden Rost anzukämpfen.

Und plötzlich ziehen drohende Wolken auf, keine Wetterwolken. Aus Menschengesprächen habe ich Wortfetzen erfasst, die mir Sorgen bereiten, weil deren Inhalt meine Zukunft bedrohen könnte.

Mein Erbauer hat Schulden bei staatlichen Organisationen, vernehme ich, und das Landratsamt wolle das Geld eintreiben.

[11]

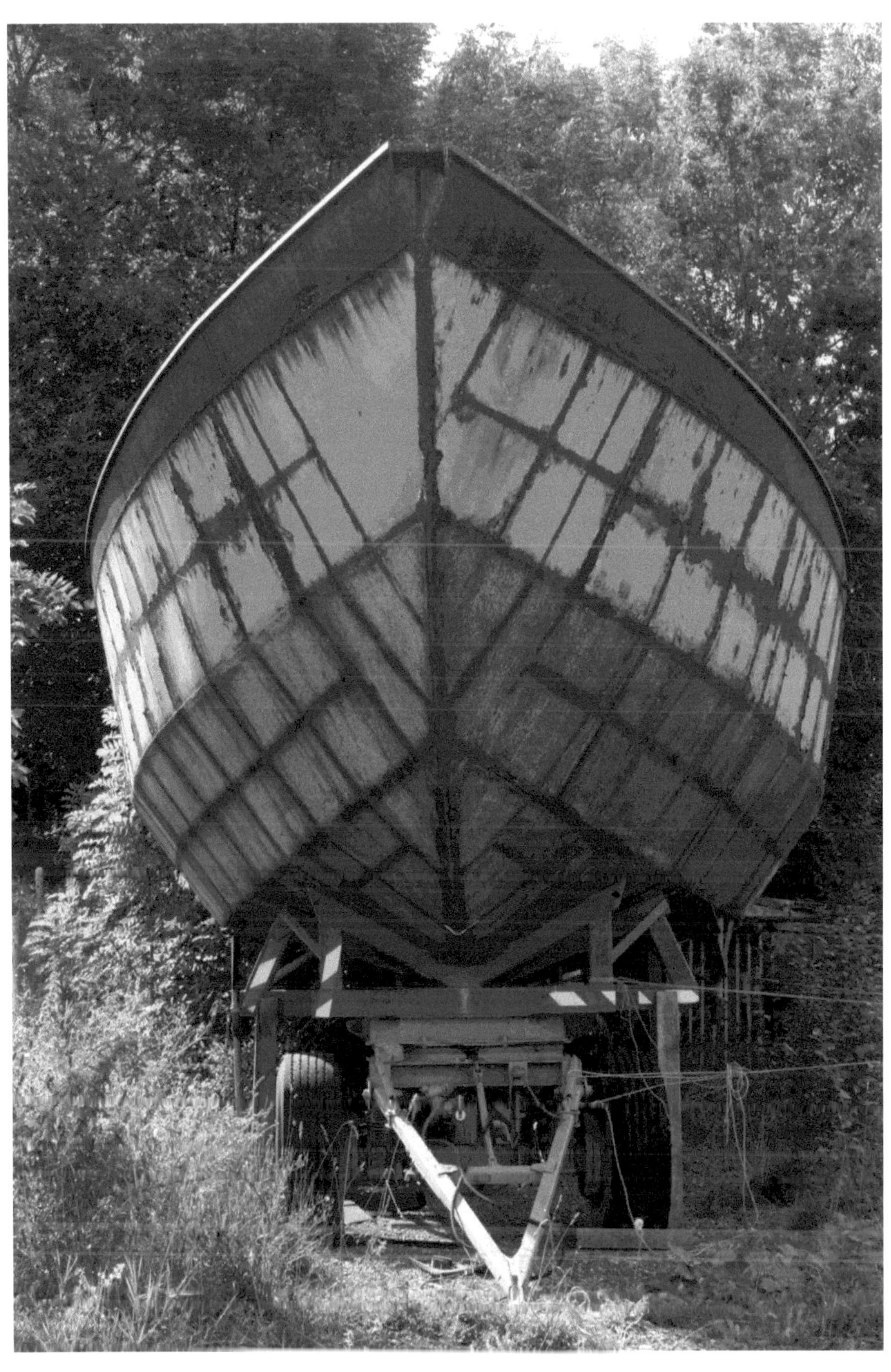

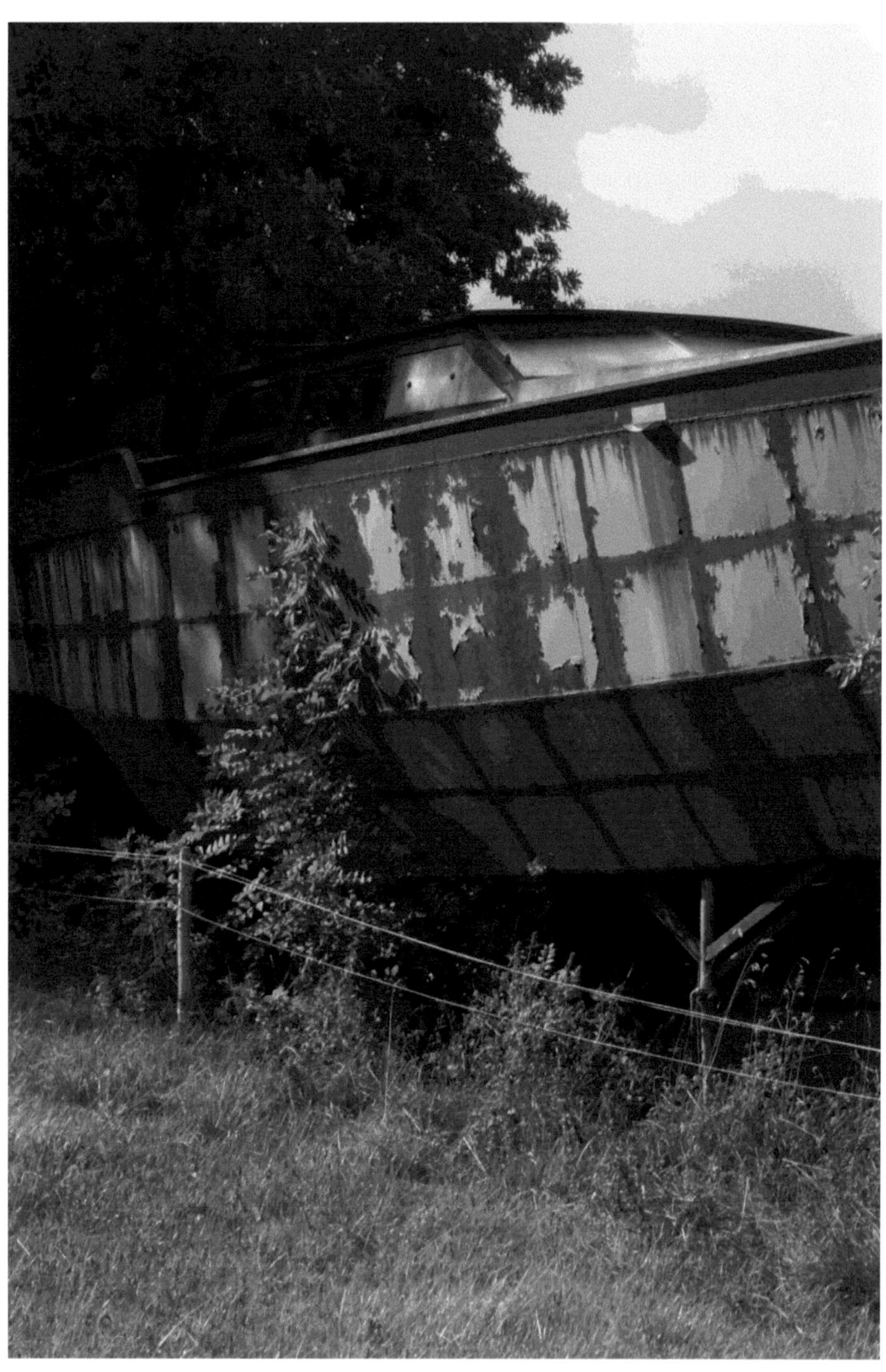

Mein Wert wird geschätzt, obwohl das Landratten doch überhaupt nicht können. Also schätzen sie meinen reinen Materialwert. Schrottwert sagen sie respektlos, kennen nicht meine Bestimmung und wie mein Wert sein könnte, wäre ich schon seetauglich.

Der Erlös, sagen sie, würde gerade die Schulden ausgleichen und die Angelegenheit wäre dann aus den Büchern und der Schandfleck außerdem weg. Mit Schandfleck meinen sie mich, obwohl ich selbst in dem unfertigen Zustand in dem ich mich noch befinde, eine gute Figur abgebe. Aber dafür haben sie keine Augen und schon gar kein Gefühl. Voralpenländler eben, mit besonderen Kenntnissen der Viehzucht und der Landwirtschaft. Keine Küstenbewohner mit dem angeborenen Respekt vor Schiffen, auch vor im Bau befindlichen – eben vor allem, was sie sicher übers Wasser tragen kann.

Es wird ein trauriges Ende werden, wie ich es jetzt zu erwarten habe. Meine Vorstellungsgabe reicht nur bedingt aus, mir die Grausamkeit meiner Schrottwerdung vor Augen zu führen. Man wird mich unsanft auf ein Transportfahrzeug laden, und wenn das nicht problemlos möglich sein sollte, wird man mich in transportable Teile zerlegen. Nein, man wird mich zerschneiden mit kreischenden Schneidgeräten oder mit großer Hitze meine feste Hülle zerschmelzen. Dann werden sie meine Teile irgendwo solange zwischenlagern, bis mein Schrottwert angestiegen ist und ich für wehmütiges Geld in einen Schmelzofen wandere, aus dem ich, gestaltlos und all meiner Träume und Tugenden beraubt, herausfließen werde. Wasser, das Element für das ich bestimmt bin, würde ich bis dahin nie unter meinem Kiel gespürt haben. Das macht mich unendlich traurig.

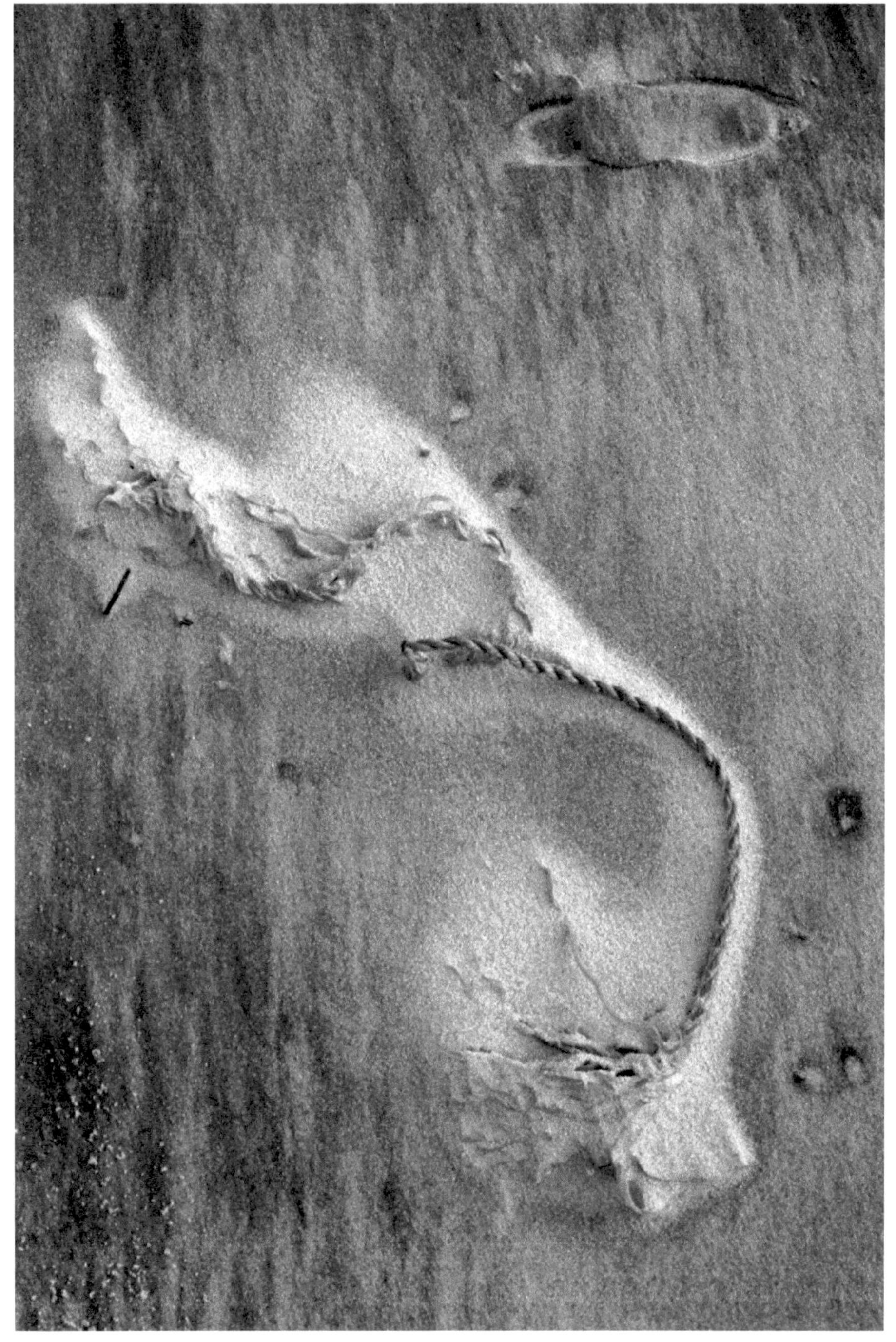

Zwischendurch

Worte wandern müdgesprochen

in die Stille dunkler Vergessenheit.

Entfesselte Buchstaben versuchen sich zu ordnen

und bauen auf den stolzen Recken,

der Ihnen Rat und Richtung gibt.

SierraTango schmiegen sich an seinen Rücken,

AlphaBravo glühen im Eifer Schrift zu stellen aus der Weite.

Des Kräftigen Fuß,

von Silbenwogen umtost,

gibt den Zeiger, **R.**

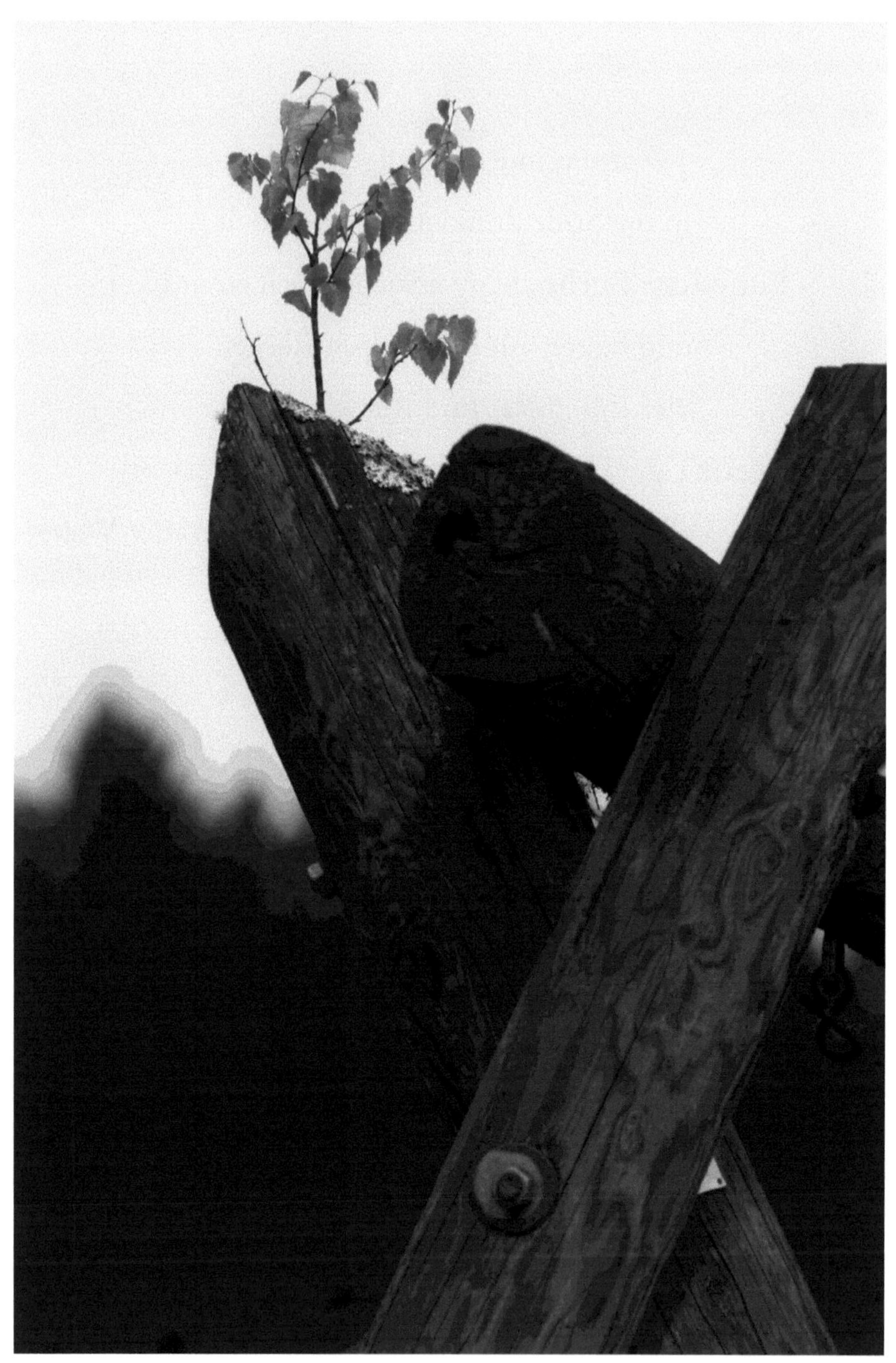

Die Birke auf dem Telegrafenmast

Wie ich dorthin gekommen bin, wo ich jetzt bin? Ich weiß es nicht und kann nur vermuten, dass der Wind mich von meinen Artgenossen getrennt und eben dorthin verweht hat. Vielleicht wurde auch ein hungriger Vogel zum Transporteur indem er mich zuerst gefressen und dann unverdaut geschissen hat. Eben dorthin geschissen, wo ich mich jetzt so mühsam anklammere. Eigentlich werde ich selbst ein Baum, sollte ich zumindest, bin aber nicht sicher, ob mir das gelingen wird. Warum? Ich sitze auf einem Baum, zumindest fühlt es sich so an und es sieht auch ungefähr so aus, wenn auch etwas superglatt, ohne Rinde und ohne irgendeine Art von Belaubung oder Benadelung. Inzwischen weiß ich: ich sitze auf einem Telegrafenmasten und erinnere mich. An meine Zukunft mag ich gar nicht denken.

Als mein Untergrund noch brummte, nein die Drähte die er festhielt brummten, kletterten ab und an Menschen mit komischen Eisen an den Schuhen ganz nach oben zu mir und den Drähten. Manche dachten mich abzureißen, weil ich doch nicht hierher gehöre, aber letztlich haben mich alle stehen lassen.

Unterhaltsam war die Zeit auf dem Telegrafenmasten schon und sehr interessant. Zuerst habe ich nur Gezwitscher vernommen, aber nach und nach konnte ich Worte verstehen und ganze Gespräche mithören. Wenn Günter höchst erregt dreißigmal hintereinander bei Margit angerufen und den Anrufbeantworter übel beschimpft hat, habe ich mir beim zwanzigsten Mal schon die Blätter auf die Ohren gelegt, weil es nicht mehr zu ertragen war.

Ach so, die Blätter auf die Ohren – ich bin eine Birke, eine kleine, eine sehr kleine Birke und wachse auch nur sehr sehr langsam, weil mir die Nahrung fehlt. Mit dem bisschen, was durch den Telegrafenmasten kommt, werde ich wohl nicht lange wachsen können. Wenn ich aber überhaupt klein bliebe und weniger Nahrung bräuchte, könnte ich vielleicht länger leben. Mal sehen, wie das wird.

Margit hat dann doch zurückgerufen, aber auch nur den Anrufbeantworter von Günter erreicht, und ohne eine Nachricht zu hinterlassen hat sie immer wieder aufgelegt. Bei ihrem letzten Anruf hat sie dann „Hallo Günter, ich fahre jetzt für vier Wochen in Urlaub nach Nepal und wenn ich zurück bin, können wir uns ja mal auf einen Tee treffen" hinterlassen. Günter hat dann ein paar Tage später mit Ursula telefoniert und das dann immer wieder, und Margit hat er nicht mehr angerufen, oder mir ist das entgangen. Es waren ja so viele Gespräche zu hören und oft ein schreckliches Durcheinandergequatsche, eher ein Grundbrummen wie wenn ein LKW vorüberfährt. In solchen Momenten habe ich mich einfach ausgeklinkt und die Landschaft um mich herum betrachtet. Als Birke mit gerade mal dreißig Zentimetern Höhe habe ich auf dem Telegrafenmast eine prima Übersicht über die Umgebung bis hin zu den nächsten Hügeln mit den vielen Nadelbäumen drauf und ein paar eigenartigen Bäumen, die über Nacht gewachsen waren, na ja, fast über Nacht. Also so in einer Woche etwa oder in zwei. Die haben einen kahlen Stamm und nur drei ganz ganz lange Blätter, die sich dazu noch drehen und nachts schlafen die auch nicht, sondern blinken rot, wie mit einem Auge. Und sie werden immer wieder von Menschen besucht, die plötzlich auch oben auf ihren Kronen, nein eher Köpfen stehen.

Die haben dort bestimmt eine noch bessere Aussicht als ich, die sind da viel viel weiter oben. Mich besuchte immer dann ein Mensch mit komischen Eisen an den Schuhen, wenn die Gespräche und das Brummen und Durcheinandergequatsche mal für einen Tag nicht da waren. Dann kamen meistens zwei angefahren und haben oben an den Drähten rumgewerkelt und dann unten in einem grauen Kasten und wenn sie wieder abgefahren waren, ging das Brummen und Durcheinanderquatschen wieder los. Einmal hat ein Minister einen anderen angerufen und irgendwas über eine Ministerin gesagt, was keiner wissen durfte. Leider habe ich nicht ganz verstanden, um was es ging. Hätte ja auch nichts genutzt, ich hätte es ja nicht verraten können.

Aber die Ministerin hat wohl auch auf einer Telegrafenstange gesessen und hat was mitgehört, so wie ich. Und sie hat dann einen anderen Minister angerufen und furchtbar gebrummt und ich habe wieder nicht verstanden, um was es ging, auch weil gerade ein lokaler Wind mich bewegt und das Rascheln meiner siebenunddreißig Blätter verhindert hat, dass ich alle Worte verstehe. Zum Unglück hat der lokale Wind gemeint, er müsse lokalen Sturm spielen und hat mir auch noch ein Blatt abgerissen, das langsam auf den Boden torkelte und von einer ganzen Armee von Ameisen weggetragen wurde. Jetzt habe ich nur noch sechsunddreißig Blätter und muss mich anstrengen, dass ich im nächsten Frühjahr, wenn alle neu angehängt werden, zwei oder drei mehr dazu hänge.

Ist aber für das Verstehen nicht so gut, wenn ich zu viel Blätter anhänge, weil der Wind sie umso mehr rauschen macht, je mehr Blätter er zum Tanzen bringt.

Wir werden sehen. Im Frühjahr geht das ganze Liebesgeflüstere los und, ich bin gespannt, ob Günther wieder mit Ursula telefoniert und ob Margit mit irgendeinem Uwe oder Franz oder Herbert telefonieren wird.

Plötzlich kamen die Menschen mit den Eisen an den Schuhen und mit Werkzeugen in den Händen. Also der eine mit den Eisen an den Schuhen und der andere mit den Werkzeugen in den Händen. Der mit den Schuhen ist zu mir hochgeklettert und hat die Drähte weggemacht. Das Gebrumme und Gerausche war sofort weg. Mich hat er nicht beachtet. Dann haben beide den Telegrafenmast aus der Erde gebuddelt und auf einen Anhänger gelegt. Dann sind sie mit dem Masten und mir in eine Stadt gefahren. Na ja, Stadt habe ich gedacht, weil plötzlich Häuser rumstanden, aber wirklich viele waren es nicht. Vor einem Haus mit großem Wiesengarten oder Gartenwiese oder wie das heißt, wenn es eine große mit Gras bewachsene Fläche, aber keine Kuhwiese ist. Dort haben sie uns, also den Mast mit mir drauf abgeladen und hinter das Haus getragen. Der Mast wurde in der Mitte zersägt und neben die anderen schon daliegenden Mastenteile gelegt.

Die Frau und der Mann, die aus dem Haus kamen, und die Eisenandenschuhenmenschen (die Eisen hatten sie natürlich jetzt nicht mehr an den Schuhen) haben sich wie Freunde begrüßt, und mich hat das hohe Gras, in dem ich nun lag, gekitzelt.

Vier Löcher waren auch schon in der Erde und dahinein steckten sie nun die Mastenteile so, dass sie sich kurz vor dem oberen Ende kreuzten. Dort wurden sie auch zusammengeschraubt oder wie auch immer befestigt, Haken an denen lange Seile befestigt wurden. So menschenkniehoch über der Erde hat dann ein Brett die Seile verbunden. Fast hätte ich vergessen zu erwähnen, dass ich das Glück hatte, nun oben auf einem schräg gestellten Mastenteil zu sitzen und alles bestens übersehen zu können. Die Gespräche kamen aber nicht mehr aus den Drähten, die waren ja nicht mehr da, und in den Seilen waren wohl keine.

Aber als jetzt ein kleines blondes Mädchen fröhlich jauchzend und hüpfend aus dem Haus auf das Brett an den Seilen zu rannte, erinnerte ich mich an ein Gespräch zwischen Margit und Günter, in dem sie darüber sprachen, Kinder zu haben und ihnen im Garten eine Schaukel zu bauen - aus Telegrafenmasten, das war bevor Margit nach Nepal fuhr.

Da wusste ich, dass ich auf einer Kinderschaukel wuchs und für den Rest meines sehr wahrscheinlich kurzen Lebens viel Freude haben würde an dem kleinen blonden Mädchen. Unbemerkt würde ich es beobachten, nein begleiten durch sonnige und regennasse Tage und immer hoffen, dass es nie von der Schaukel fällt.

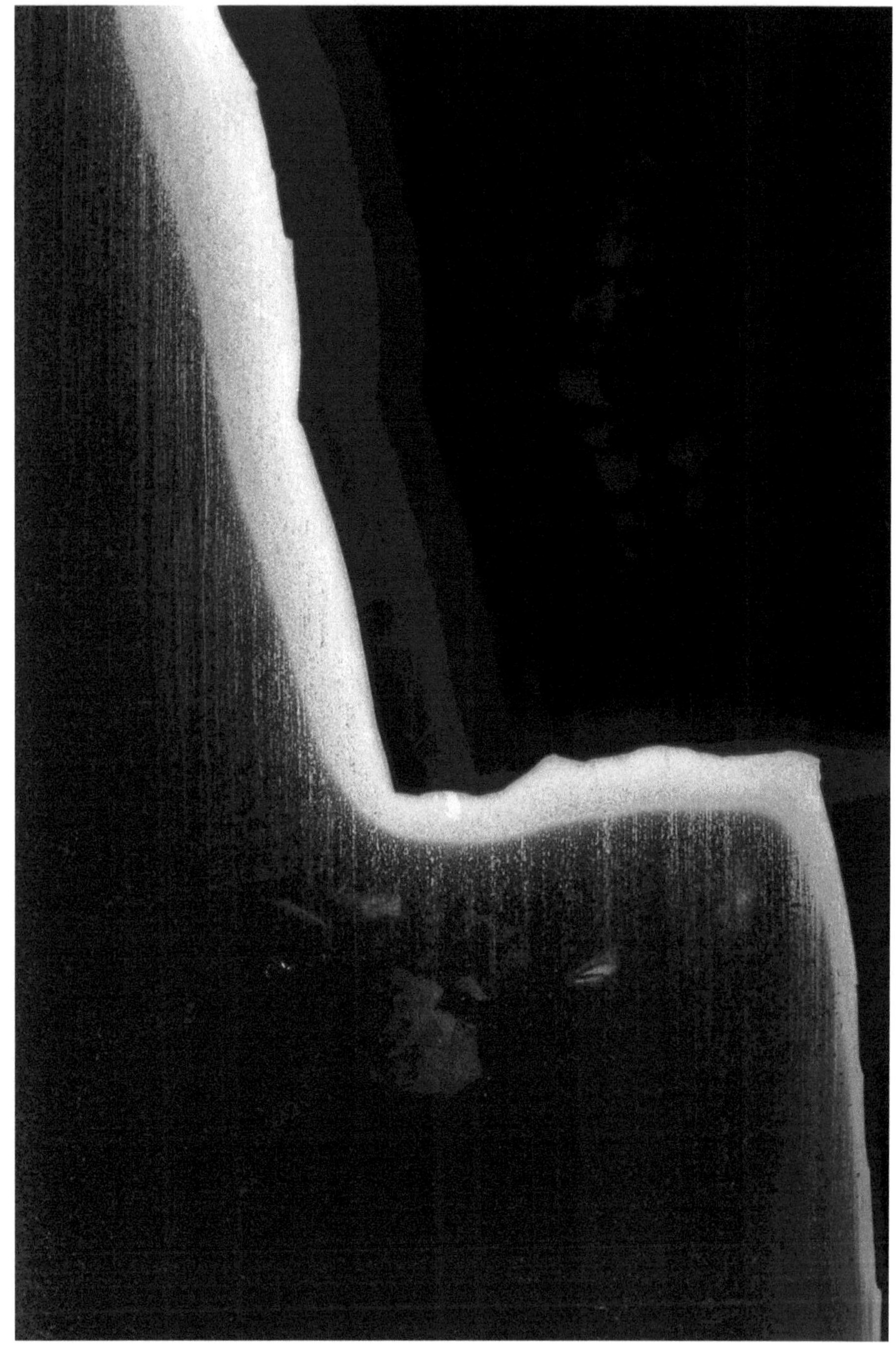

Der Fels – Die See

Wie Mond und Sonne scheint ihr Dasein von der Sehnsucht des Zusammentreffens geprägt, steigert ihre scheinbar ständig innige Nähe die Sehnsucht des Unerreichbaren. Wie Mond und Sonne sich verlangend, jeder für sich in die Nacht, den Tag stürzen, treffen sie aufeinander, um erschreckt sich abzuwenden, festzustehen, in Fernen blickend, die Tiefen spürend. Wie Mond und Sonne nacheinander greifen, strahlend, aufglühend, in warmem Glanz versinkend, ist ihre Unerreichbarkeit nicht die Distanz. Sie ist der Unterschied des weichen Gleitens um den starken Schmelz, die Trennung durch die Daseinsform, den Aggregatszustand, die Unmöglichkeit der Gleichheit, des Verbindens, sich gleich Fühlens, oder auch nur die Angst vor der Ungewissheit der Veränderung der eigenen Form, da jede sich ihrer Stärke bewusst scheint. Wie Mond und Sonne sehnen sie. Wie Mond und Sonne schenkt der eine dem anderen Teile seiner Energie, erhöht durch Zuwendung, durch Zusammenfühlen die Kraft des Gegenübers, des Nebenan. Tag und Nacht, Jahreszeit für Jahreszeit umschmeichelt, streichelt, greift verlangend die See um den Fels, der ruhig steht, erwartungsvoll, nicht abweisend, nicht aufmunternd, abwartend eher.

Wenn überhaupt, gleitet nur leise Freude, trotzdem wohlig erschauernd, seine Flanken hinunter bis zu den Wellenkämmen, die vom Wind beflügelt, vom Sturmgott unterstützt, versuchen, sein Haupt zu streicheln. Er neigt es nicht, sein Stolz verbietet es, er weiß auch nicht, ob er es wirklich will, manchmal wohl, dann aber besinnt er sich auf seine Zeit, die lange schon in dieser Situation ihn findet und von der er glaubt, überzeugt ist, dass es die richtige ist auf seinem Weg des Überlebens. Er kann die Werbung der weichen Kraft genießen, ohne ihr zu erliegen – auch die See kennt seine Haltung und kann das eigene Werben ohne Aussicht auf endgültigen Erfolg weiterführen, Fantasien entwickeln, die angenommen, reflektiert werden, um gleichzeitig in neutraler Friedfertigkeit abgelegt zu sein in einem Gefäß der Zuneigung, einem Kraftfeld der Freundschaft.

Keine Angstgefühle - der Fels könnte sich in Zuneigung zur andersartigen Materie verflüssigen, versuchen, seinen Aggregatszustand zu ändern, sich in heftigsten Gefühlen in das weiche Werben hineinstürzen - wirken lähmend auf das unablässige Aufeinandertreffen beider Welten.

Nach langen Sommertagen, warmen, heißen, sonnenerhitzt, wenn der Mond sich freudetrunken über den Horizont erhebt, die Sonne in unerschöpflichem Liebesrot sich ihm entzieht, zögernd aber unvermeidlich, übernimmt die See das Wangenrot und gleitet warm und weich an den Flanken des Felsen der sich dem Farbenspiele selbst nicht zu entziehen weiß und weitere Zeiten der Sonnenhitze herbeisehnt, damit wieder neues Rot den Übergang zum dunklen Blau gestalte, wenn der weiße Mondschein die roten Fahnen in ein silbernes Tuch verwandelt.

Das Spiel gefällt, dem Mond und der Sonne, dem Fels und der See. Mond und See ergänzen sich in silbernem Glanz. Sonne und Fels bilden kraftvolle Wärme über den Tag. Doch bleiben Mond und Sonne das Paar, wie See und Fels.

Die Ähnlichkeit ihrer Situation ist beiden bewusst, auch deren scheinbar unüberwindlicher Unterschied, den nur ein Auge erkennt, das ohne Seele blickt. In besonders kalten Zeiten, die den Fels scheinbar ungerührt lassen, nimmt die See seine Form an, für kurze Zeit erstarrt sie, wird Eis und legt sich hart und kantig an den sonst weich Umworbenen, und beide halten still, reiben leicht nur ihre Oberflächen, ängstlich bemüht, den anderen nicht zu verletzen, und hoffen, dass diese Nähe lange währt. Geringen Mengen Wasserfäden gestattet der Fels bedingten Eintritt, wird dadurch verletzlich und trägt zeitweise leichte Risse in der Außenhaut davon, die in anderen Eiszeiten neuen, stärkeren Gefühlsrinnsalen eine tiefere Annäherung an das Felsenherz ermöglichen.

Trotzdem sehnen sich beide nach dem Wechsel zu den flüssigen Umschmeichelungen, die der Fels in allen Heftigkeitsstufen zu genießen weiß, abgesichert durch die Tatsache, dass er allenfalls ein kleines Stück abgeben wird, das im Versuch dem Meere zu gefallen, zu Boden sinkt und dort weiterhin die Kosungen der Wogen freudig über sich ergehen lässt. Gerade die stabile Natur des Felsen lässt manchmal vergessen, dass sein Innerstes, er selbst, aus glühender Leidenschaft entstand und alles Wissen darum in ihm erhalten ist.

Er hat sich in die See geschoben, kraftvoll, zwangsläufig, nicht verhinderbar und brachial einen Platz eingenommen, von dem aus er allseitig den Berührungen der See widerstehen, sie aber lustvoll trinken kann, ganz sicher in dem Wissen um seine Beständigkeit – nur eine unbestimmte Zahl an Eiszeiten wäre in der Lage, ihn zur Gänze in die See gleiten zu lassen.

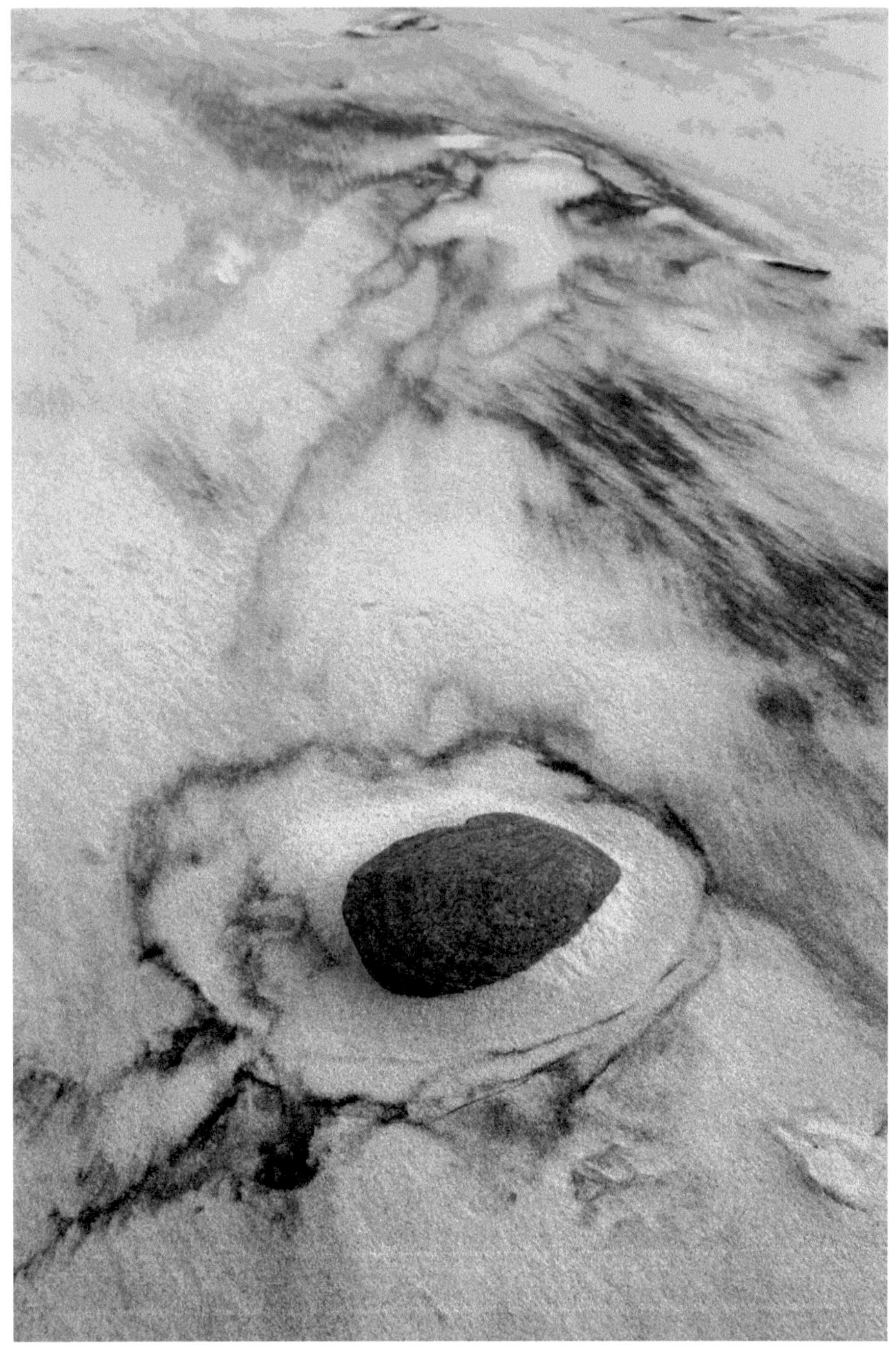

Die See legte sich ganz still an den Fels,
mondsilbern, und blieb bewegungslos
in der Sonnenglut geborgen.

[28]

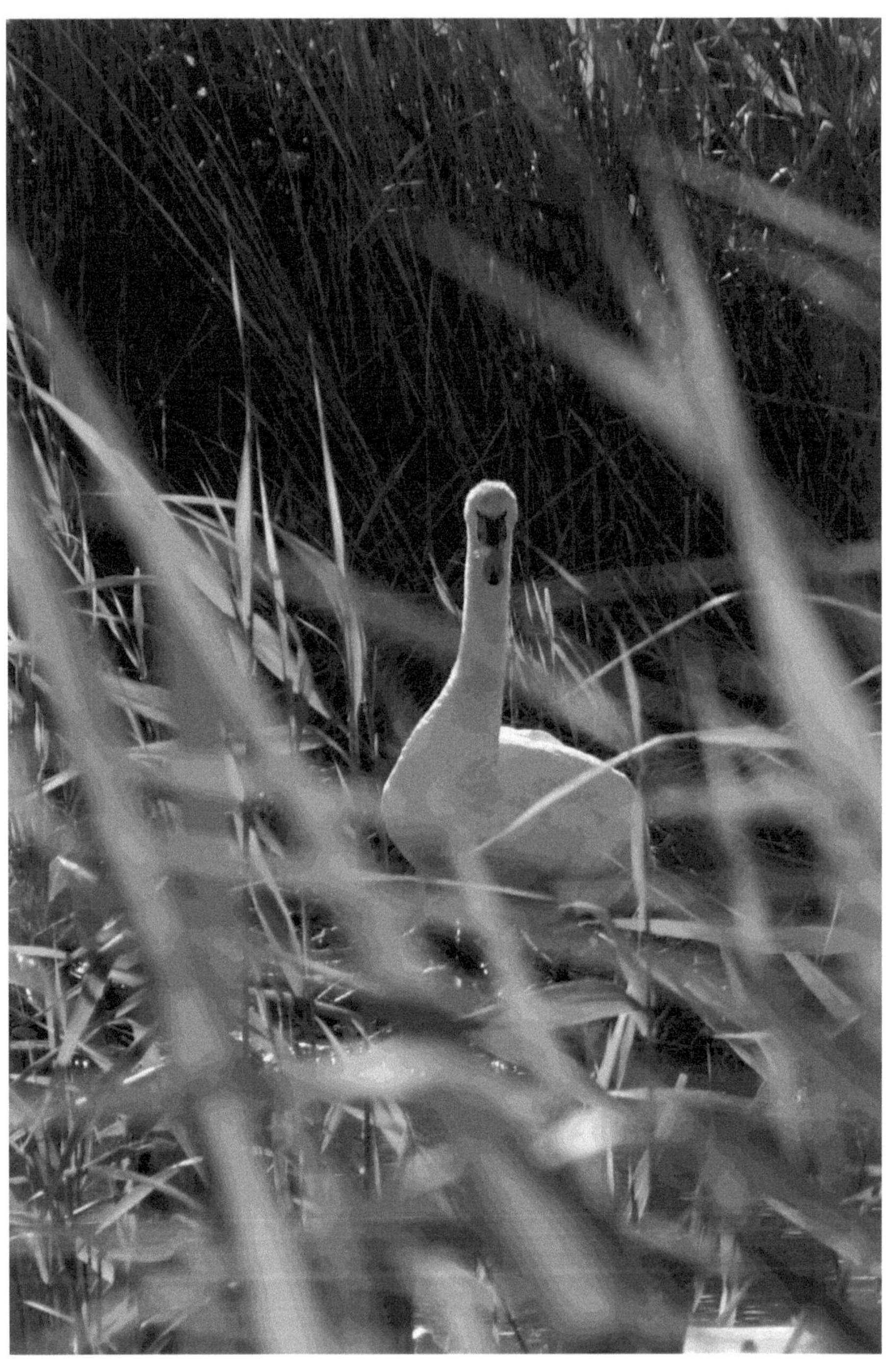

Zwei Schiffsführer am See

oder der Wels möchte telefonieren

Trunken neigen sich Schilfrohre,

Fischgeschwätz plätschert

gegen Schifffahrtszeichen,

prallt ab von Rot und Grün.

Ein Ton, Wolkenwand von Luv,

noch ein Ton – Schwanengesang aus Lee

und schwarze Enten suchen helle Schnecken

im Gewirr der Unterwasserwelt.

Welsgelauer am Steg,

Augen blinken gelb aus braunem Nass,

fordern Kontaktmöglichkeiten

auch außerhalb düsterer Gewässer.

Schwanengier bringt Körperbeugung,

gibt frei die Flugbahn für die kleinen,

schweren Teilchen – Entgleiten beglückt den dicken Fisch.

Ud so weiter, und so weiter…Allzeit gute Fahrt!

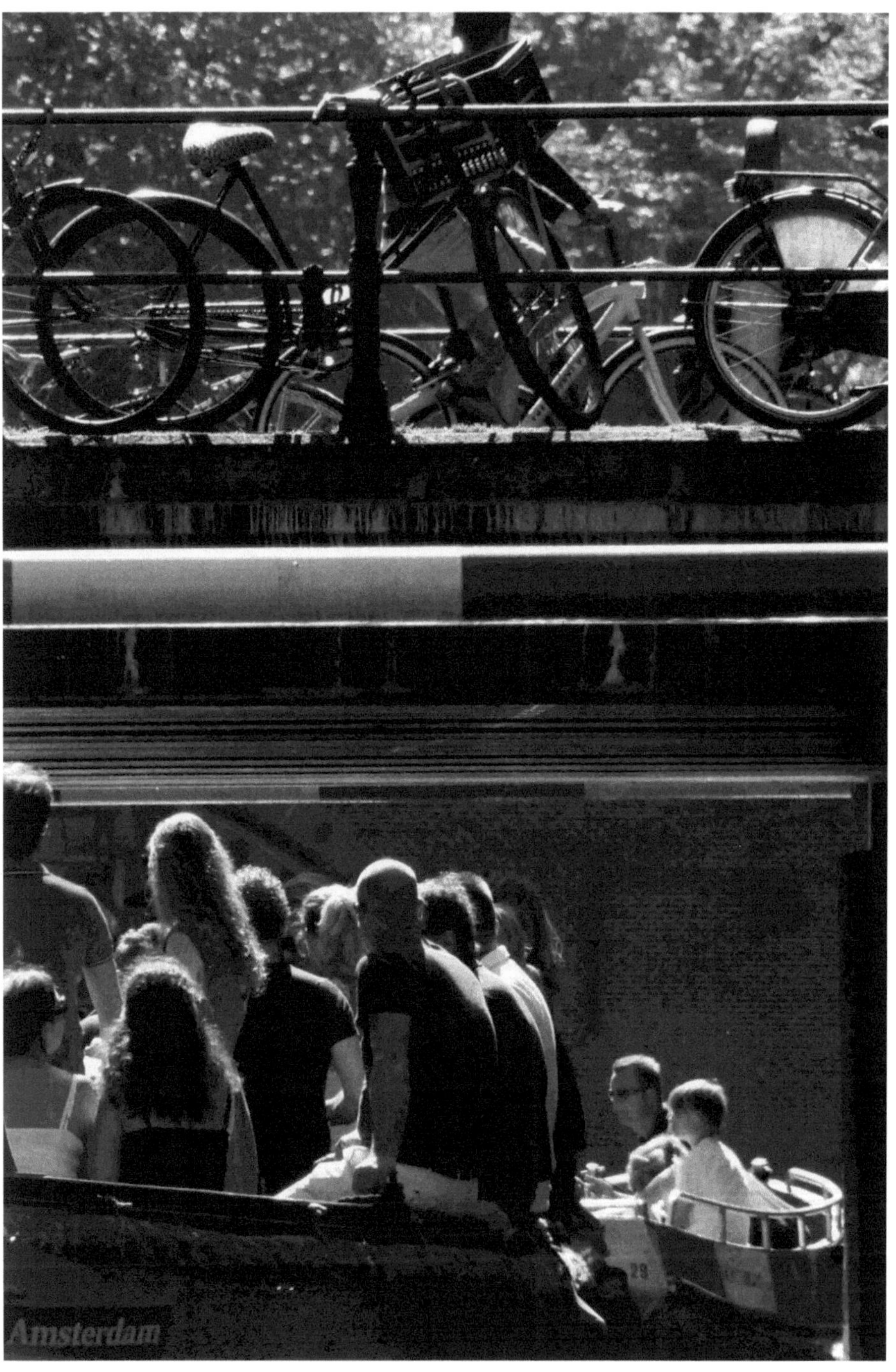

Amsterdam

Zärtliches Amsterdam

Wo die Vernunft den Leichtsinn

durch die Grachten führt,

tritt die Welt zurück.

Wo Neonröhren

Licht auf dunkle Gassen legen,

wird blasses Sein zum bunten Treiben.

Wo Freundschaft droht

an Liebe zu zerbrechen - Zärtliches Amsterdam.

Wo frischer Matjes

Gaumenfreuden

in neue Höhen jagt.

Wo tausend Blumen

in unbekannten Farben blühen.

Wo Haut an Haut sich nähert

von keinem Blick bemerkt.

Wo Berührungen

bevor sie wahrgenommen

schon gefühlt. - Zärtliches Amsterdam.

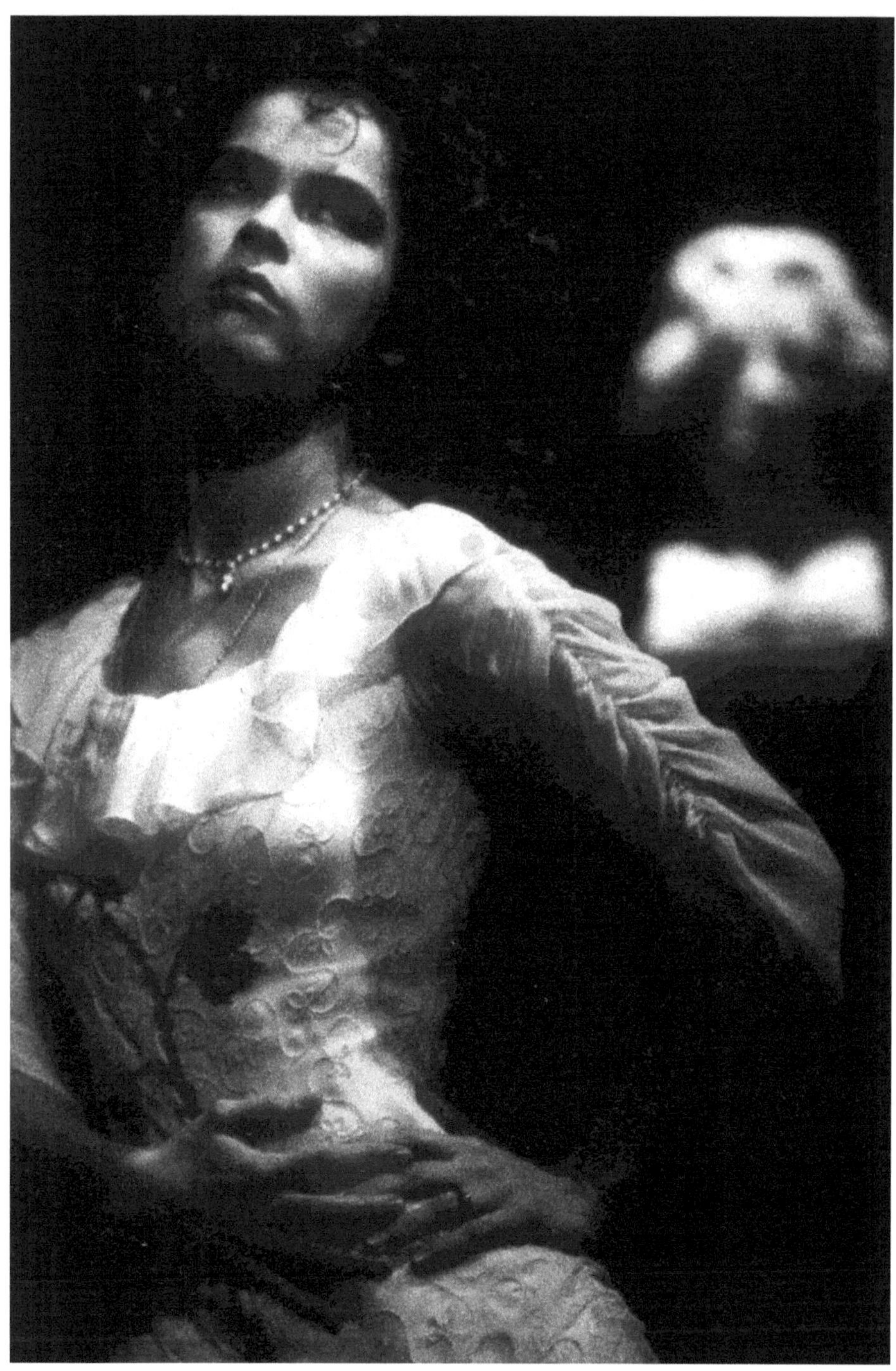

Wo grauer Stein

die dunkeln Wasser säumt

in stiller Leidensfreude.

Wo Blattwerk scheu

sich über Brücken schließt.

Wo Musik die Räume

zwischen Häusern füllt

und Träume langsam

über Schienen gleiten.

Wo Tag und Nacht

die gleiche Wertigkeit

besitzen und selbst

der Träumer glaubt,

es gäbe keinen Unterschied. - Zärtliches Amsterdam

Wo späte Nachtgedanken

ins fahle Nichts entschwinden

und Schwärme blasser Angst

den scheuen Wunsch verhüllen.

Wo sich Köpfe neigen, Rücken drehen,

Füße in die andere Richtung gehen.

Wo alles ist und nichts besteht – Zärtliches Amsterdam.

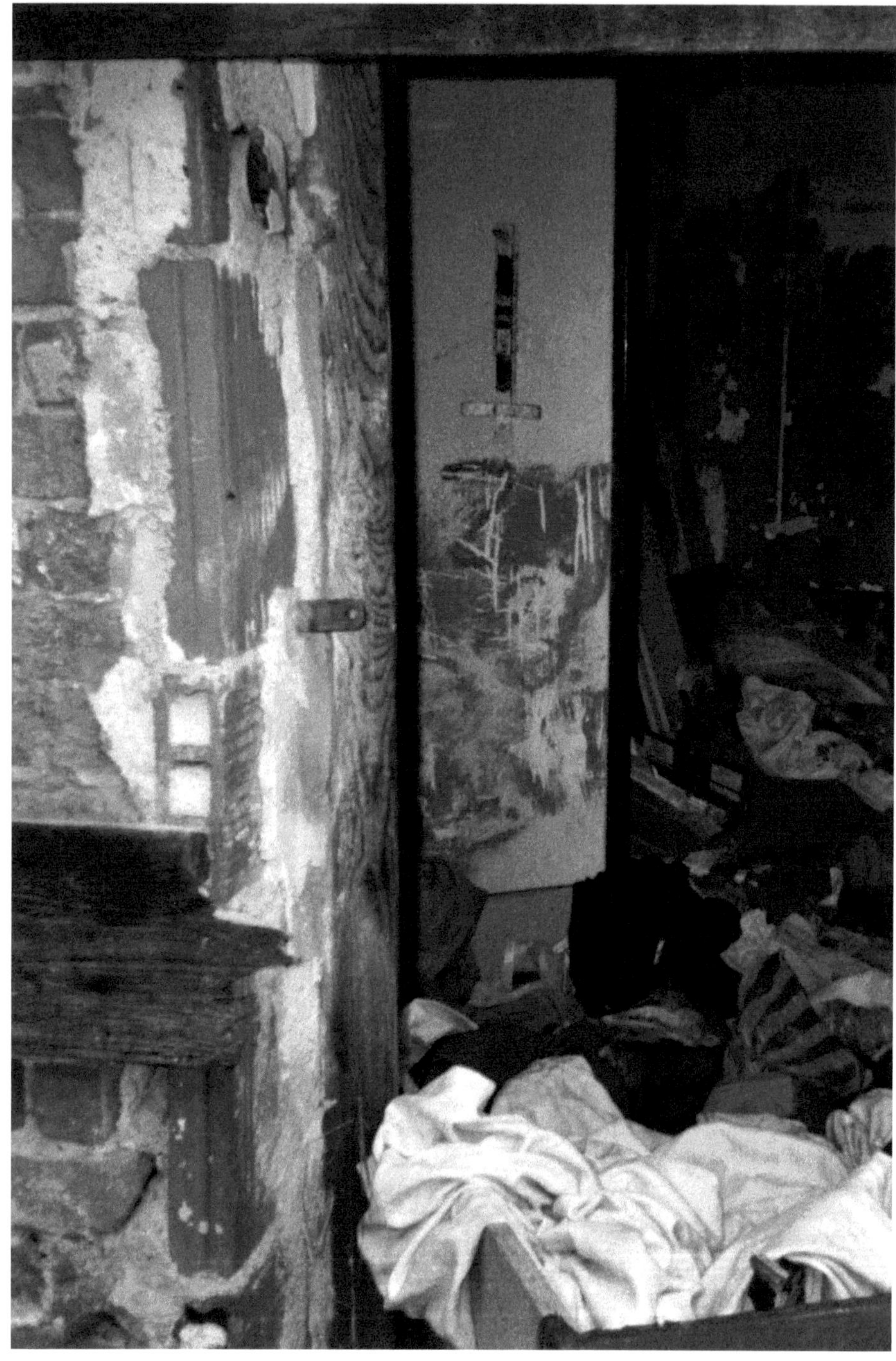

für Rolf W. (†)

Zeit verharrt
an Orten,
erlaubt
kein Zuhören,
gestattet
keinen Zugang,
verschließt
sich allen
Näherungsversuchen und
entschwindet
letztlich
durch
einen schmalen
Zukunftsspalt.

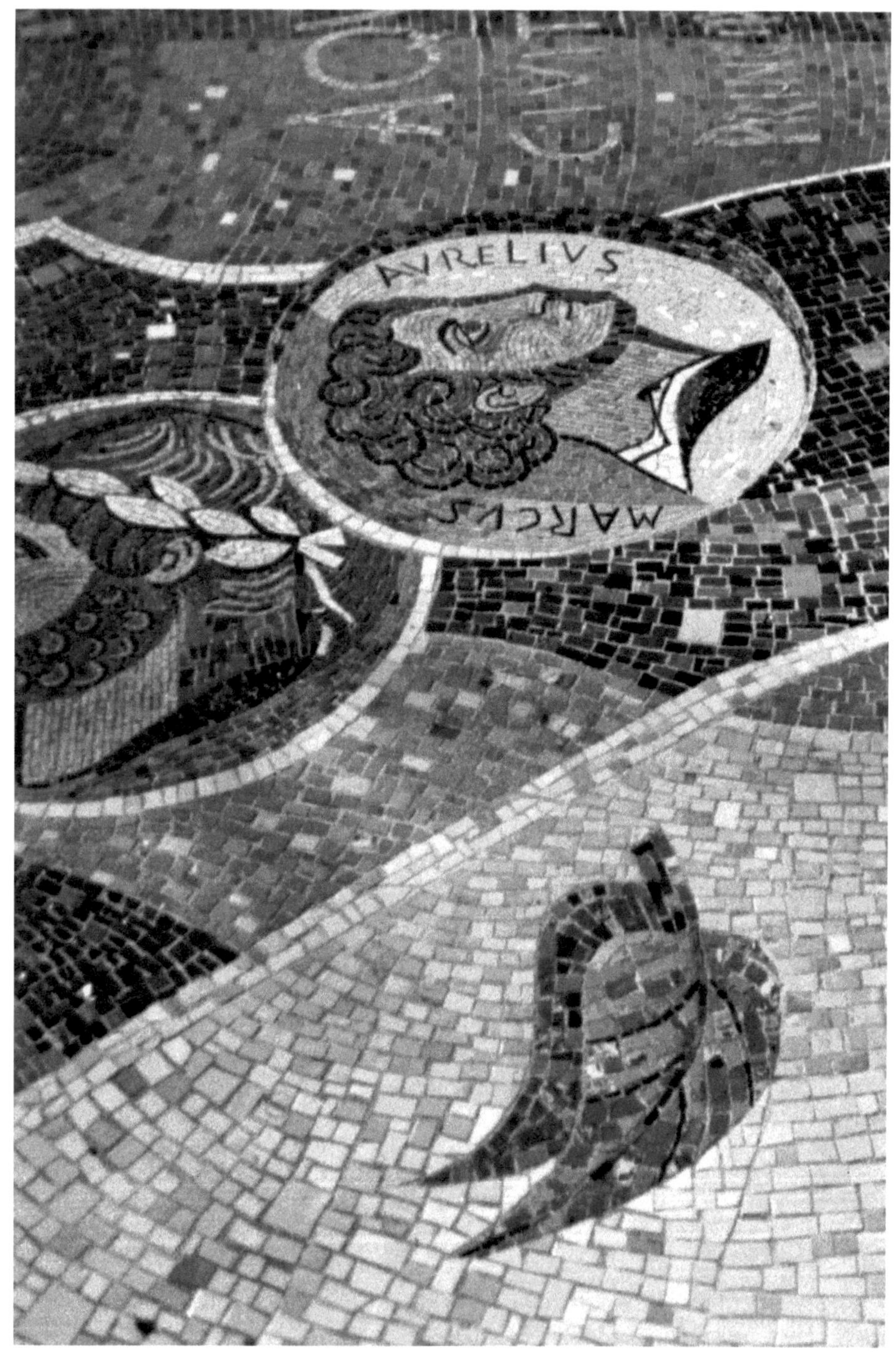

AVRELIVS
MARCVS

für Mehmet A.

Wege
hoffen auf Unendlichkeit,
zerfallen
in ein
Links
und Rechts,
geben
die stabile Mitte
preis,
ordncn sich
im Rund,
kreisen
um sich selbst
bis Partikel abgetrennt
sich
auf den Weg
nach Gestern
machen.

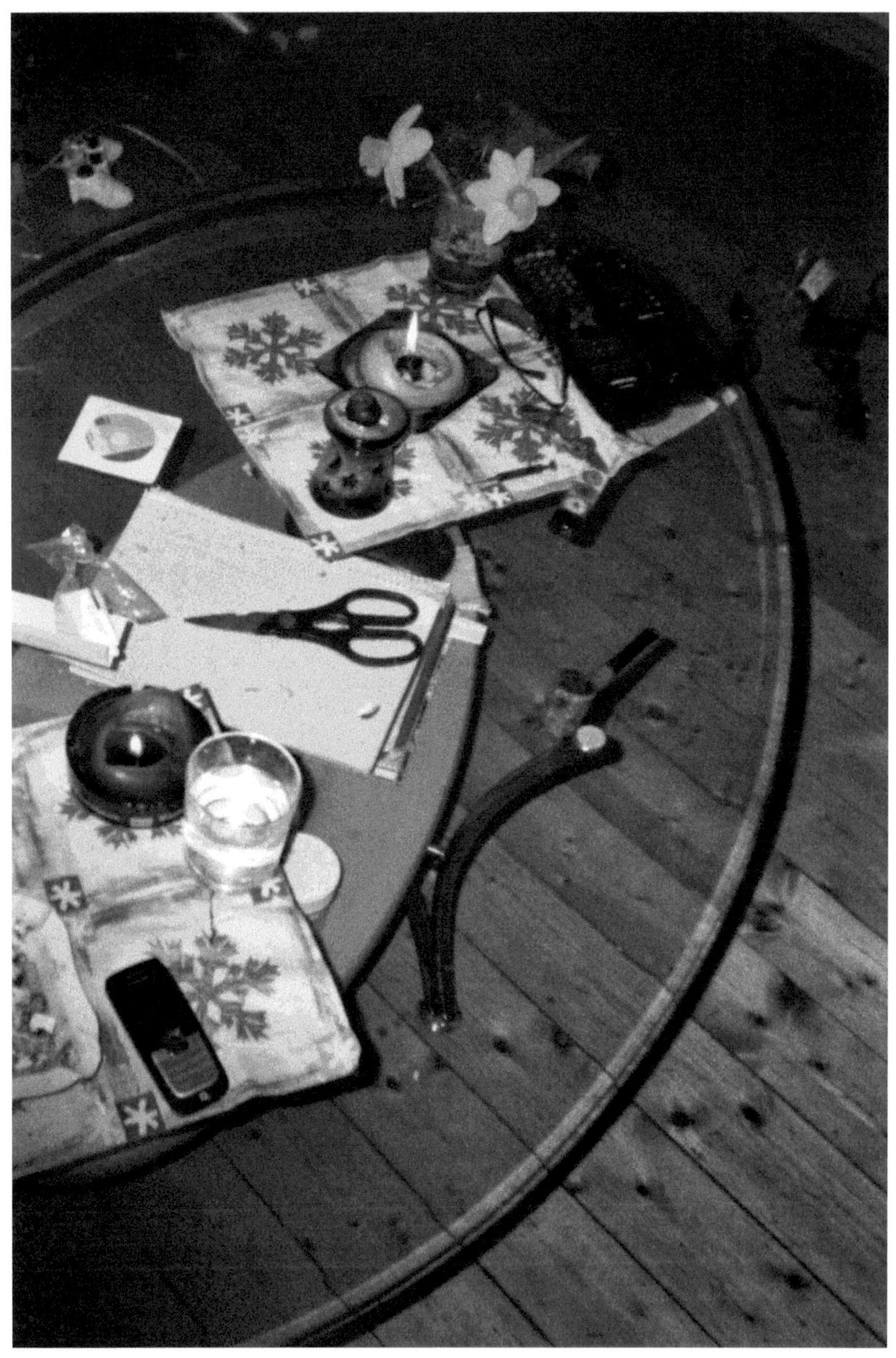

für Martin D.

Licht
blickt durch
dunkle Gänge,
Sterne
blitzen auf,
verglühen,
Zukunft wartet
auf Eroberung.
Noch vor
die Gegenwart besiegt,
zieht
Vergangenheit
in schwarze
Tiefen.

. . . .

Gedanken
wehen beflügelt
in die Morgensonne,
verbreiten sich
über Hügel
und Seen, bis sie
in engen Tälern
eingepresst
angstvoll
der Wirklichkeit
entgegentreiben.

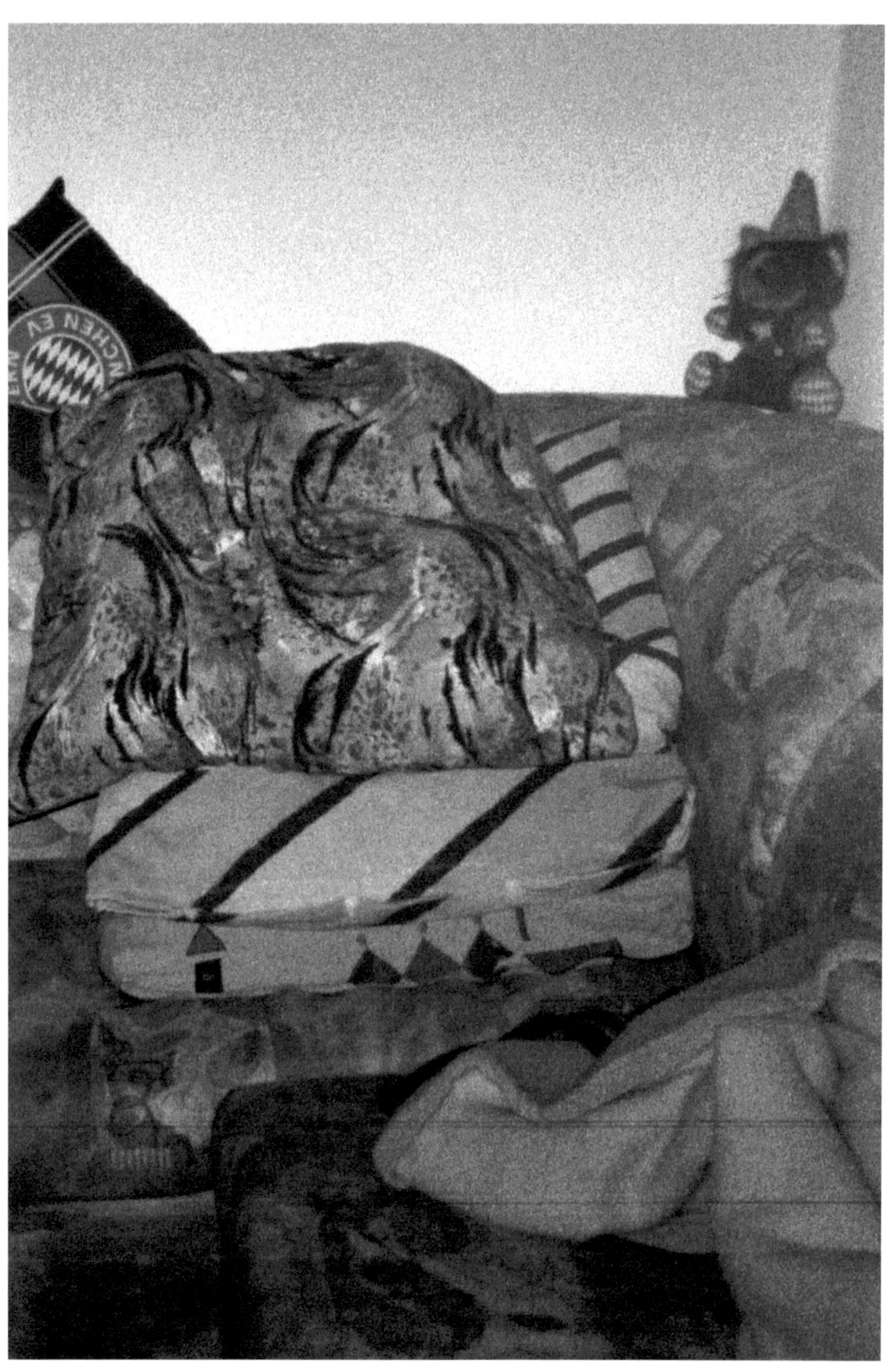

für Heinz K. (†)

Warten
verlängert Tage
und bevor
die Nacht
die Zeit besiegt,
geraten
Innen und Außen
in Verwirrung.
Warten lenkt Gedanken
in andere
Richtungen,
lässt Träume
wachsen
und Hoffnungen,
verliert sich
dann
in grauer Wiederholung.

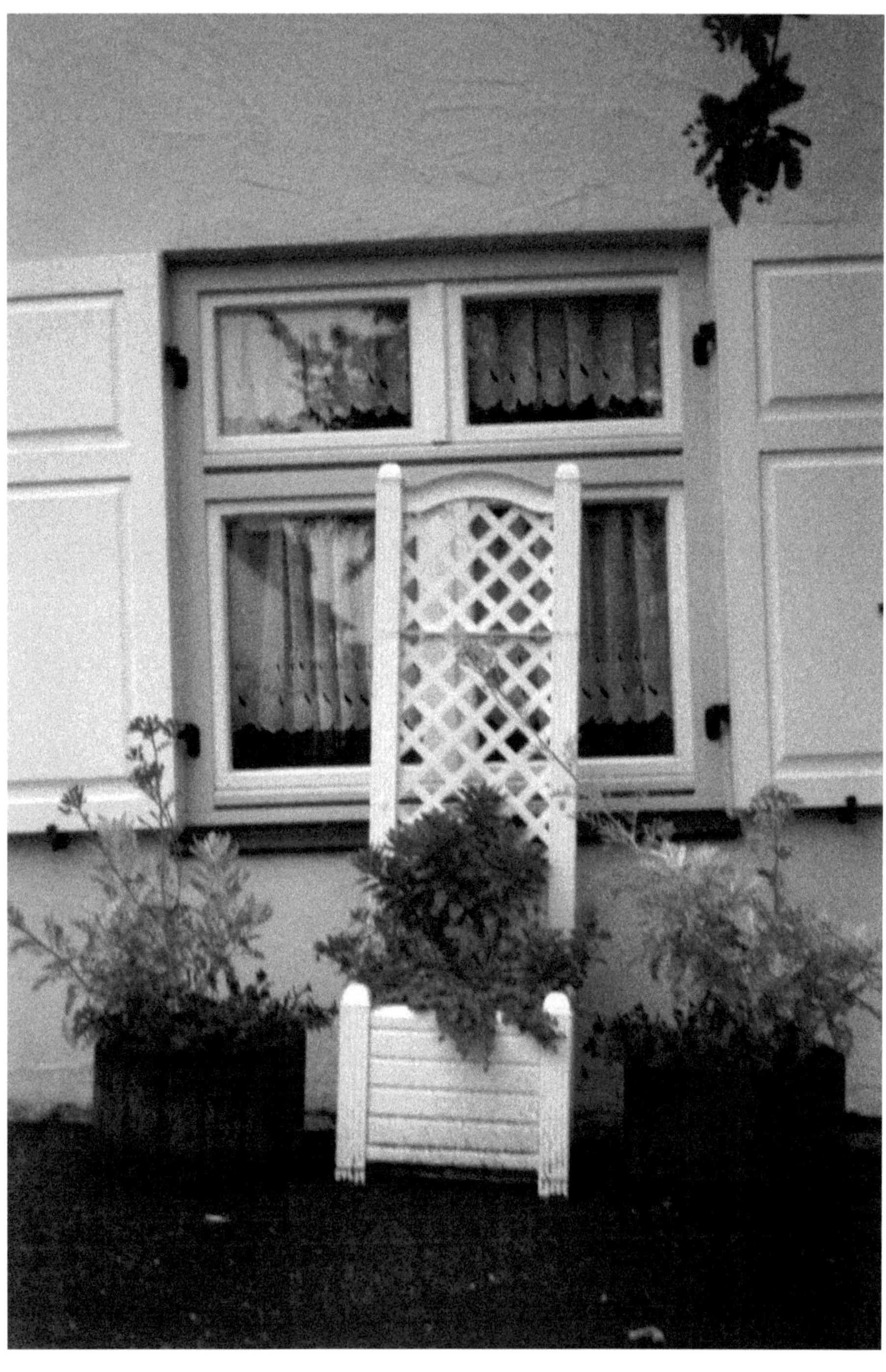

für Klaus M.

Leere Blicke
gieren nach Formen
und Farben,
nach Entgegenkommen
und Berührung.
Geschlossene Lider
öffnen sich schwer
und
müde Augen
tasten
nach neuer Hoffnung.
....
Versperrte
Träume
jagen Restgedanken
in ein
weites Nichts.
Hoffend
harren Wünsche
auf
das bunte Leben
außerhalb
der engen
Grenzen.

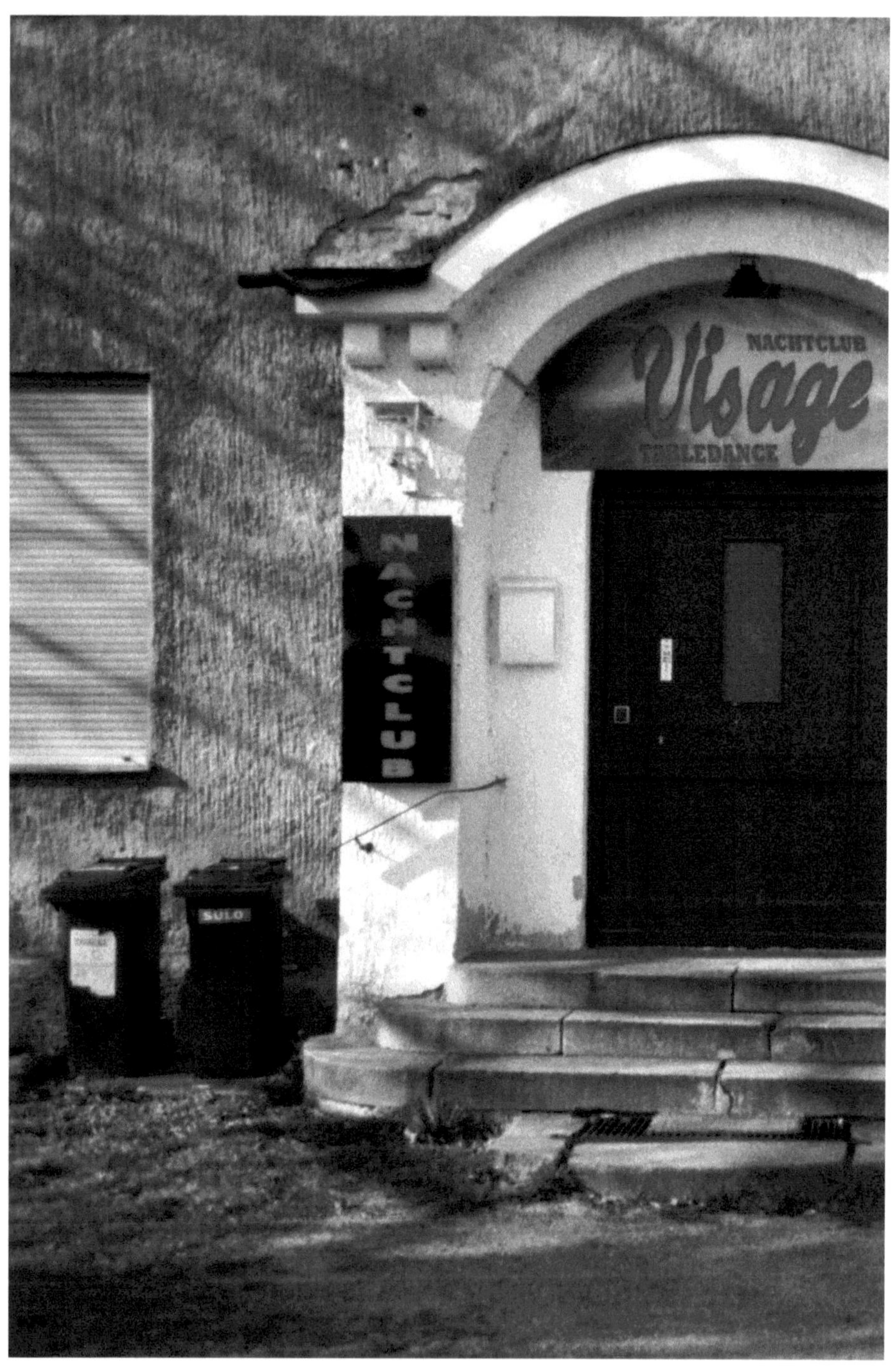
NACHTCLUB
Visage
TABLEDANCE
NACHTCLUB
SULO

für Gregor G.

Traum

tritt vor

und gibt sich zu erkennen,

Stimmen,

fremd

und unbekannt,

aus

weitem Nichts.

Er

kehrt sich ab,

verlässt

den engen Rahmen

und zeigt

am nächsten Tag

sich

neu verpackt.

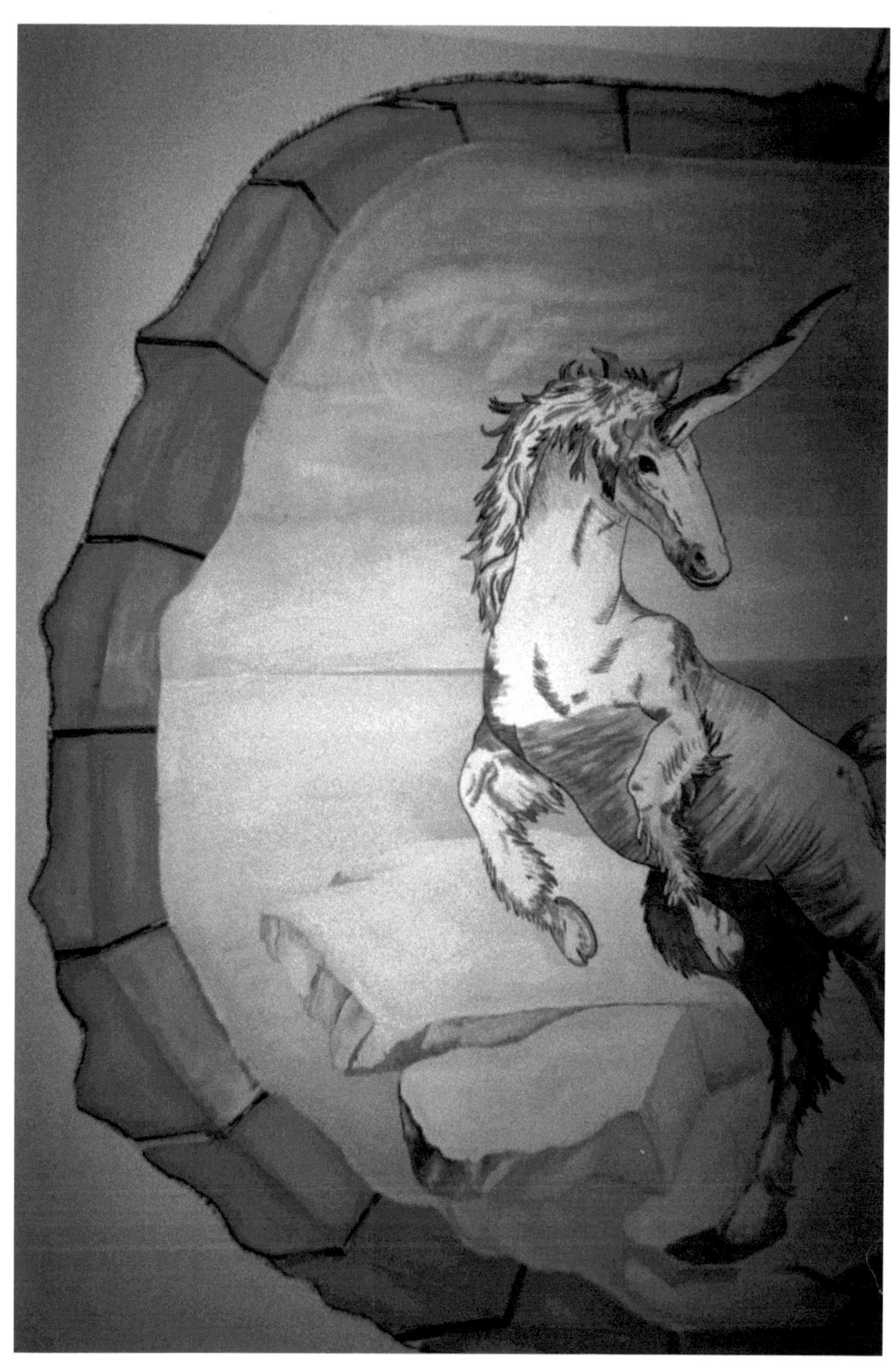

für Martina H.

Wolken
tragen Wunschbilder
über
grüne Hügel,
gleiten
durch strahlendes
Himmelblau.
Nachtlicht
überstrahlt
die Sonne,
Bilder
werden jäh zerstört,
wenn
im Morgengrau
der Traum
erlischt.

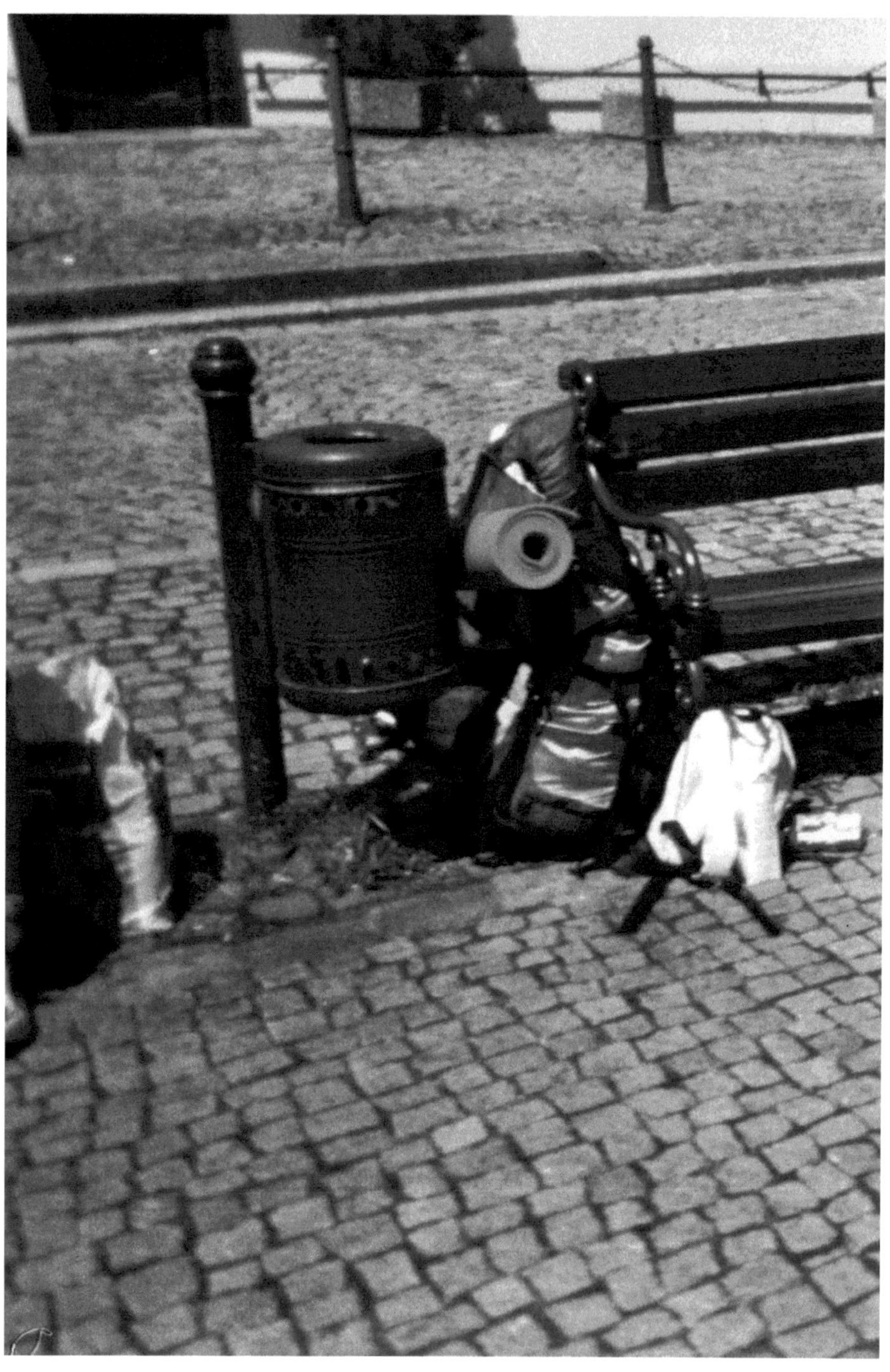

für Thomas B.

Schienenpaare drängen
zum Zusammentreffen,
streben eilig
an den
Horizont.
Zwillingsreifen
tragen
schwere Lasten.
Doppelruder
helfen
sicher navigieren.
Paare
halten oft
der Wirklichkeit
nicht stand
und
werden dauerhaft
durch Freundschaft doch
verbunden.

[50]

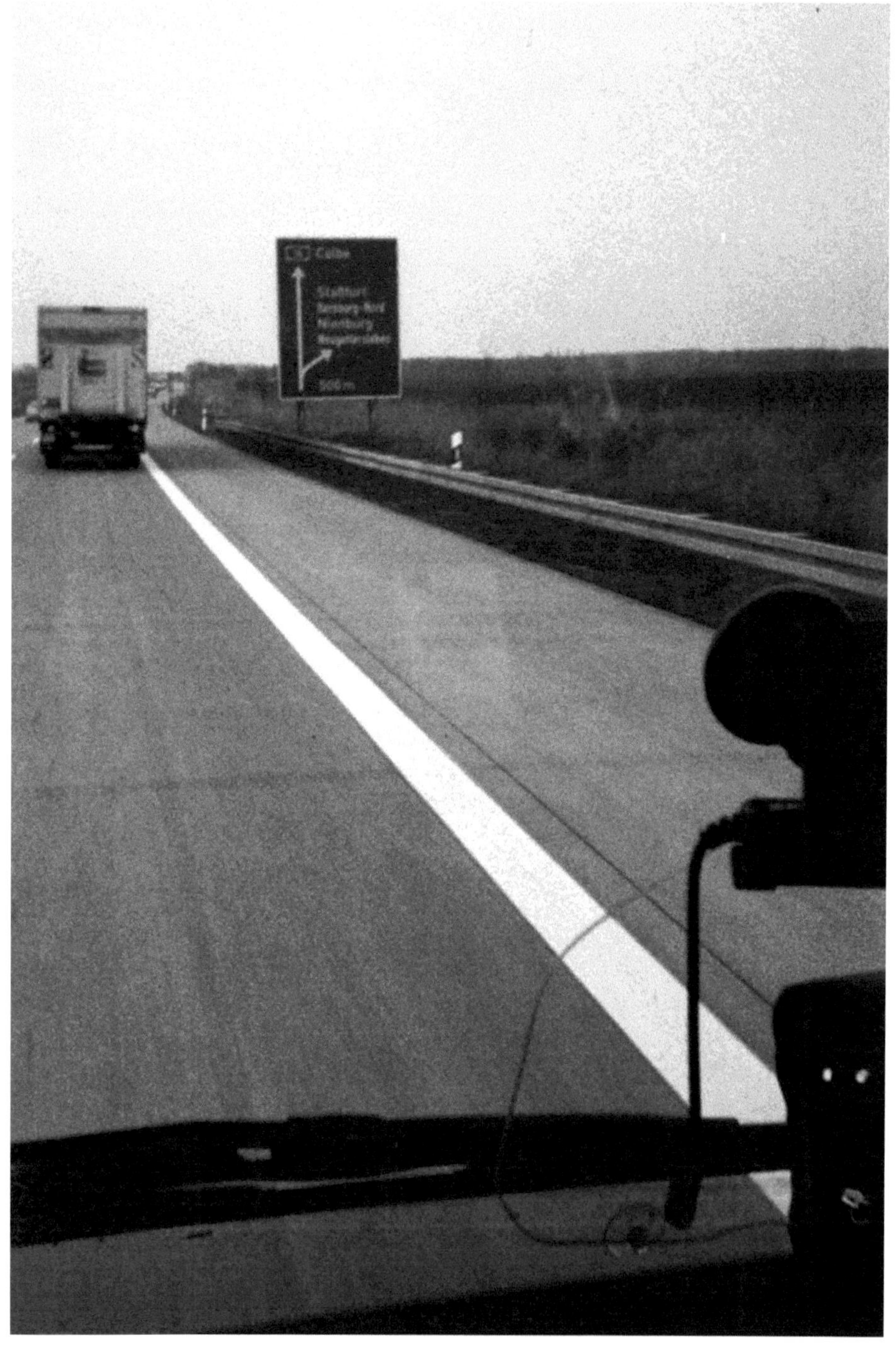

für Axel H.

Unscharf
tritt Süße
in ein Leben,
verglüht
in dunkler Einsamkeit.
Unscharf
bleibt das Ziel.
Der Weg
weist weit
in lichte Ferne
und hilflos
tastet sich
der Kopf
durch Berge
von Gedankensplittern.

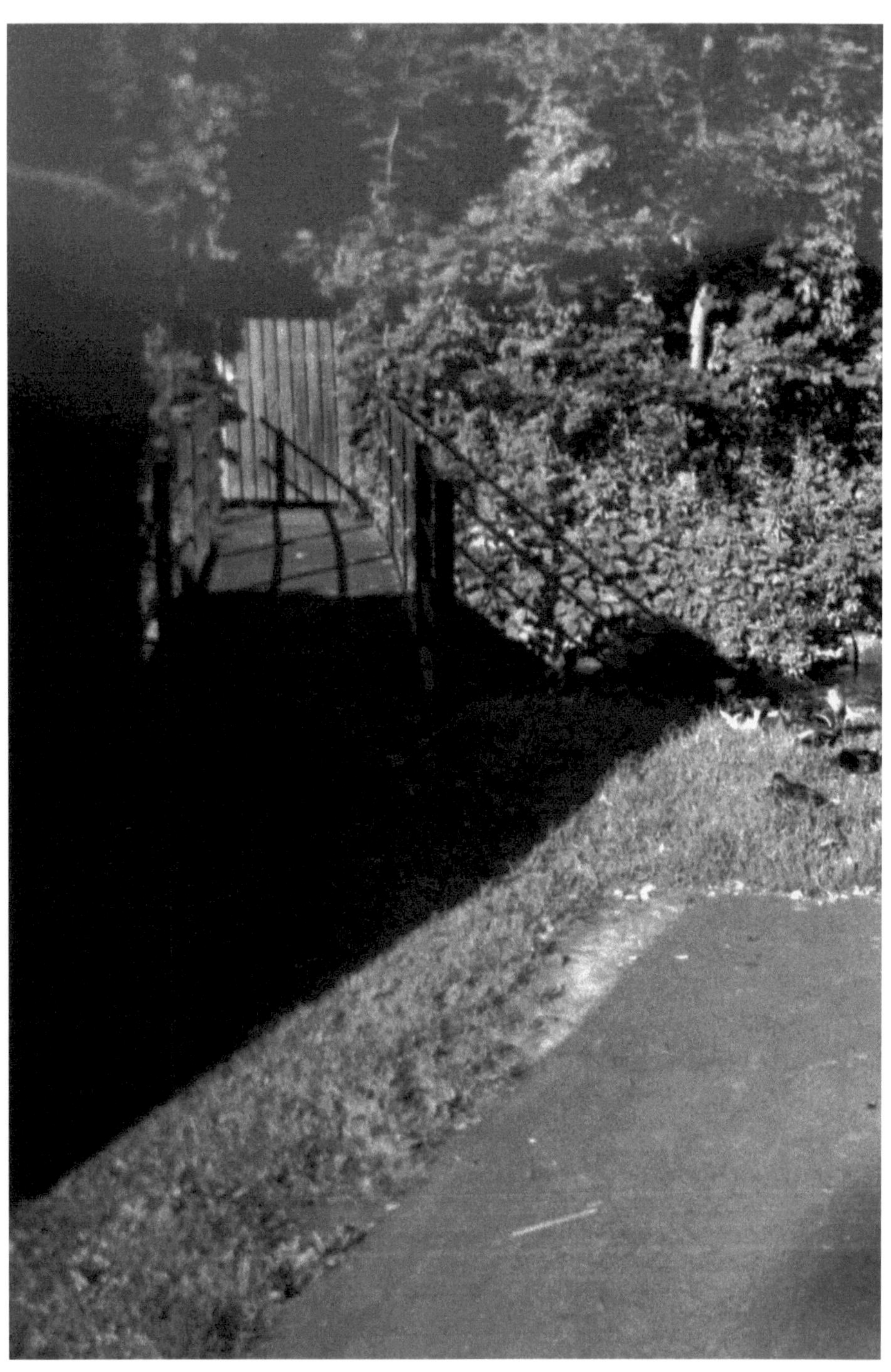

für Franz L.

Schattenbilder
geben Licht
Kontur.
Bewegung
täuscht Leben
vor.
Links und Rechts
versuchen
den geraden Weg
zu cbncn,
blicken verzweifelt,
hilflos,
auf die
Strauchelnden.

[54]

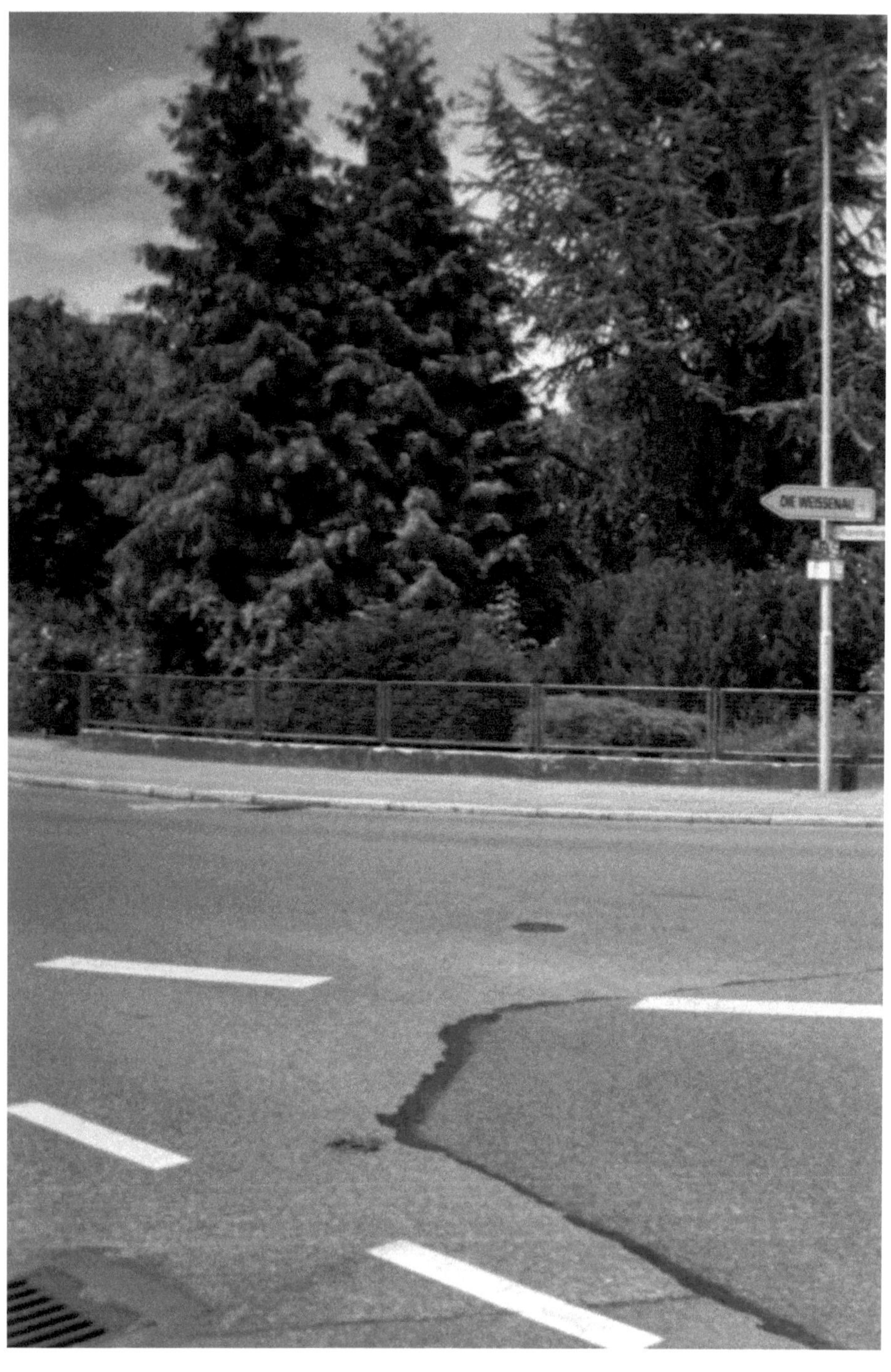

für Meike S.

Ordnung
ist nicht einmal
ein Tausendstel
vom Leben,
hindert nur
die Leichtigkeit,
greift ein,
wo Freiheit
sollte sich
nach vorn bewegen,
bleibt doch
der Weg,
der sichtbar ist.

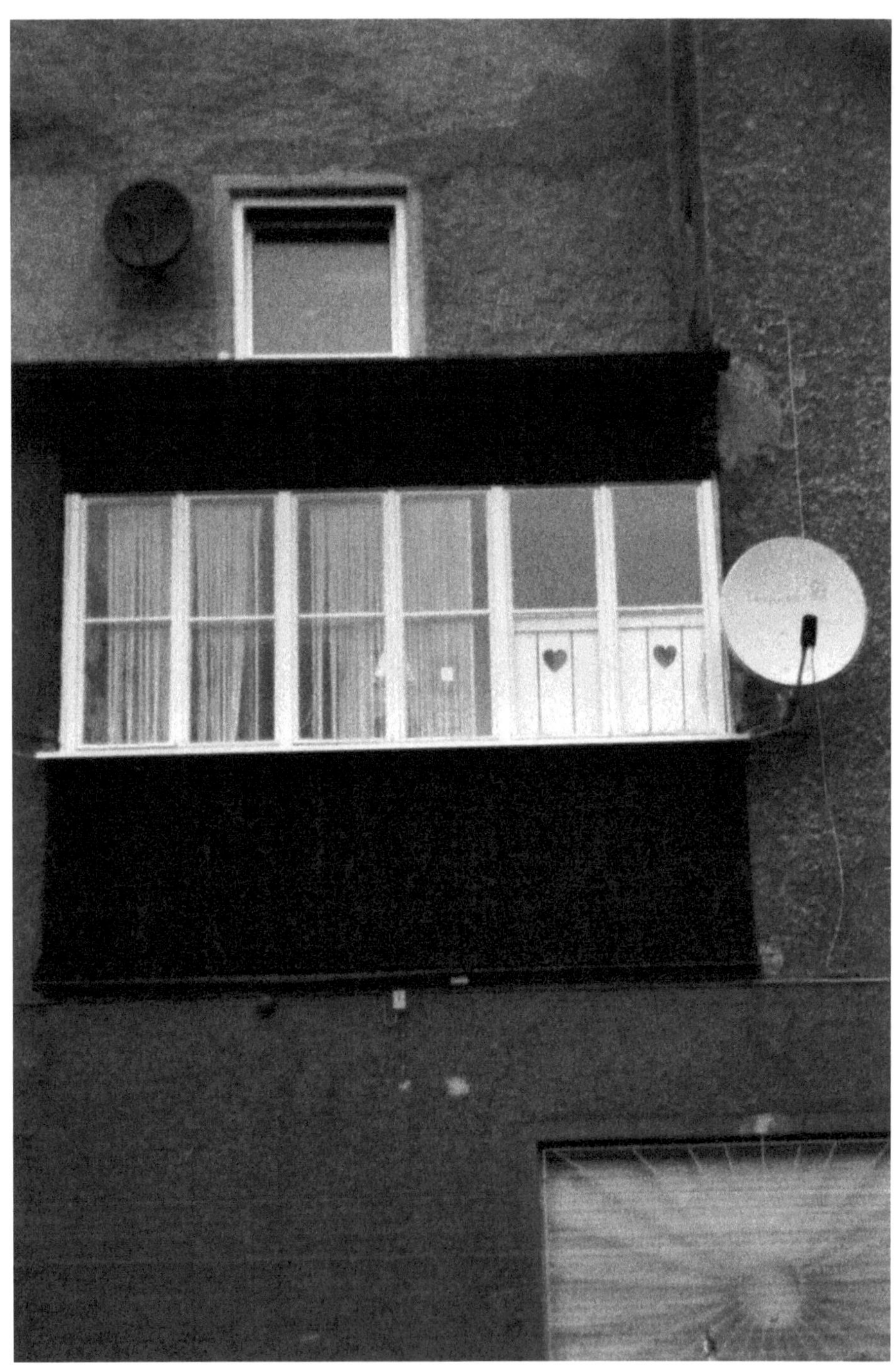

für Andreas M. (†)

Grün
drängt kraftvoll
in die
Freiheit.
Langes Warten
nährt
die Müdigkeit.
Enge Gedanken
fürchten sich
vor
weitem Land
und
großer Freude.

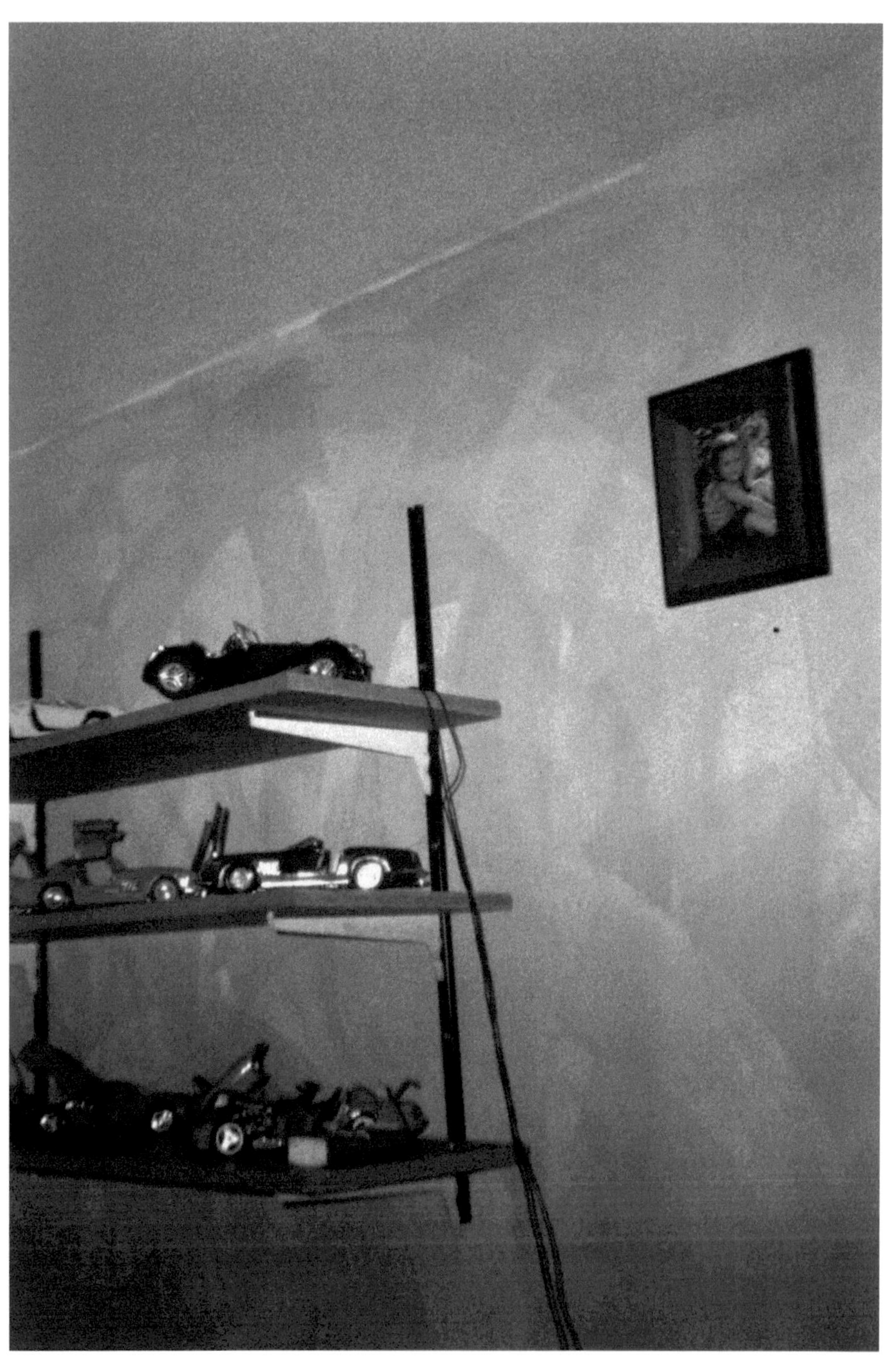

für „ungenannt" (†)

Gehend
wendet Glück
den Rücken,
zerfließt
in blauer
Nebelwand,
wartend
bleibt
ein grauer
Schatten,
der sich
der Nebelwand
entwand.

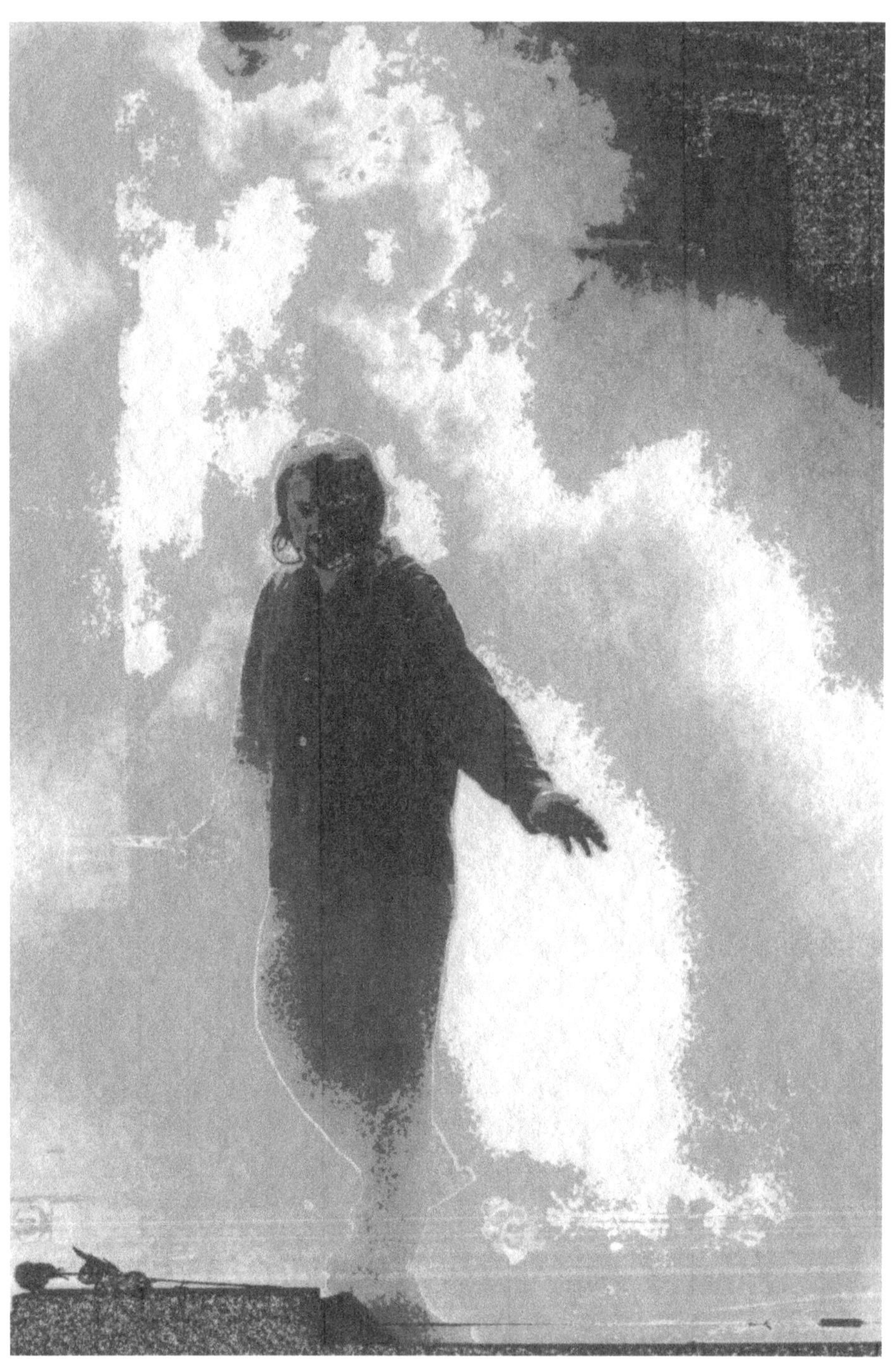

Die Unfähigkeit eines Traumes,
sich zu entschuldigen.

Der schläfrige Halbmond

sinkt schwerelos hinter die Fensterbank.

Warmes Licht einer frühen Sonne

erhellt sehr sanft die Seitenwände.

Geschlossene Lider bilden die Leinwand

für Gedankenbilder zur Bewältigung von Unbewältigtem.

Der Traum bricht ein in ein gleitendes Erwachen,

wirft zurück in wilde Turbulenzen.

Schonungslos zerstört er Morgenfreude,

macht Muskeln lahm und alle Willenskraft.

Farben drängen ins Unbewusstsein

wie sie keine Farbpalette bereithält,

außer der Regenbogen.

Von einer Seite auf die andere

drehen sich Körperteile,

gequält von den Attacken

der sie bedrängenden Bilder.

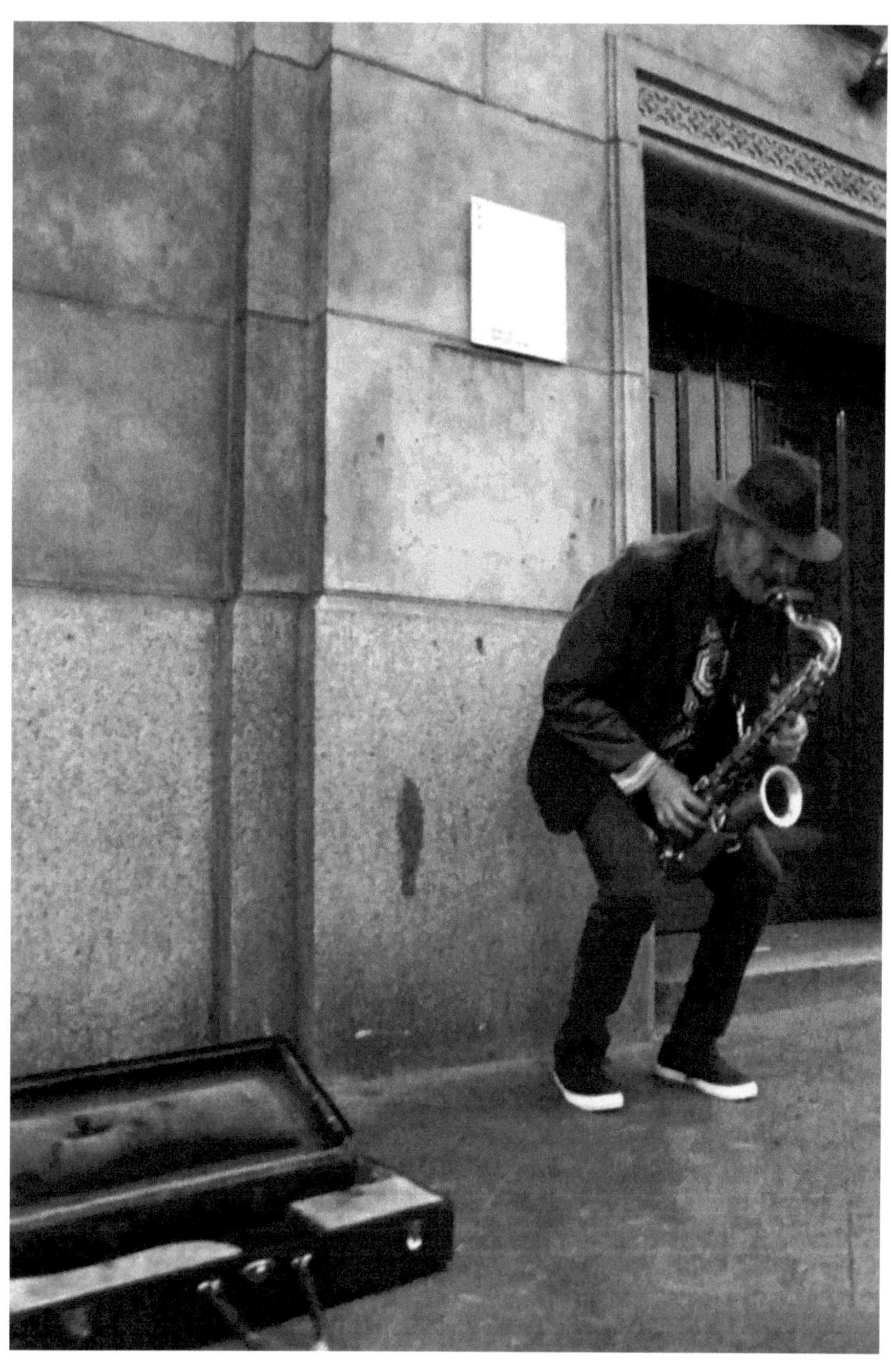

Clown

Seifenblasen waren es nicht,

mit denen er die Kinder verzauberte.

Weite Welten träumten durch seine Geschichten,

deren Faszination darin bestand,

das Gleichgewicht der Phantasie

entgegen den Gesetzen der Schwerkraft

zu schaffen.

Der Glaube strahlender Kinderaugen

voll Sehnsucht nach unerklärlichen Erlebnissen

schaffte die Kraft, Unmögliches zu bewegen.

Über Jahrzehnte hinweg glückte ihm diese Aufgabe

nur durch die phantasievolle Energie

seiner jungen Zuschauer und –hörer

und er freute sich auf den Tag,

da ihm auch die Erwachsenen glauben würden.

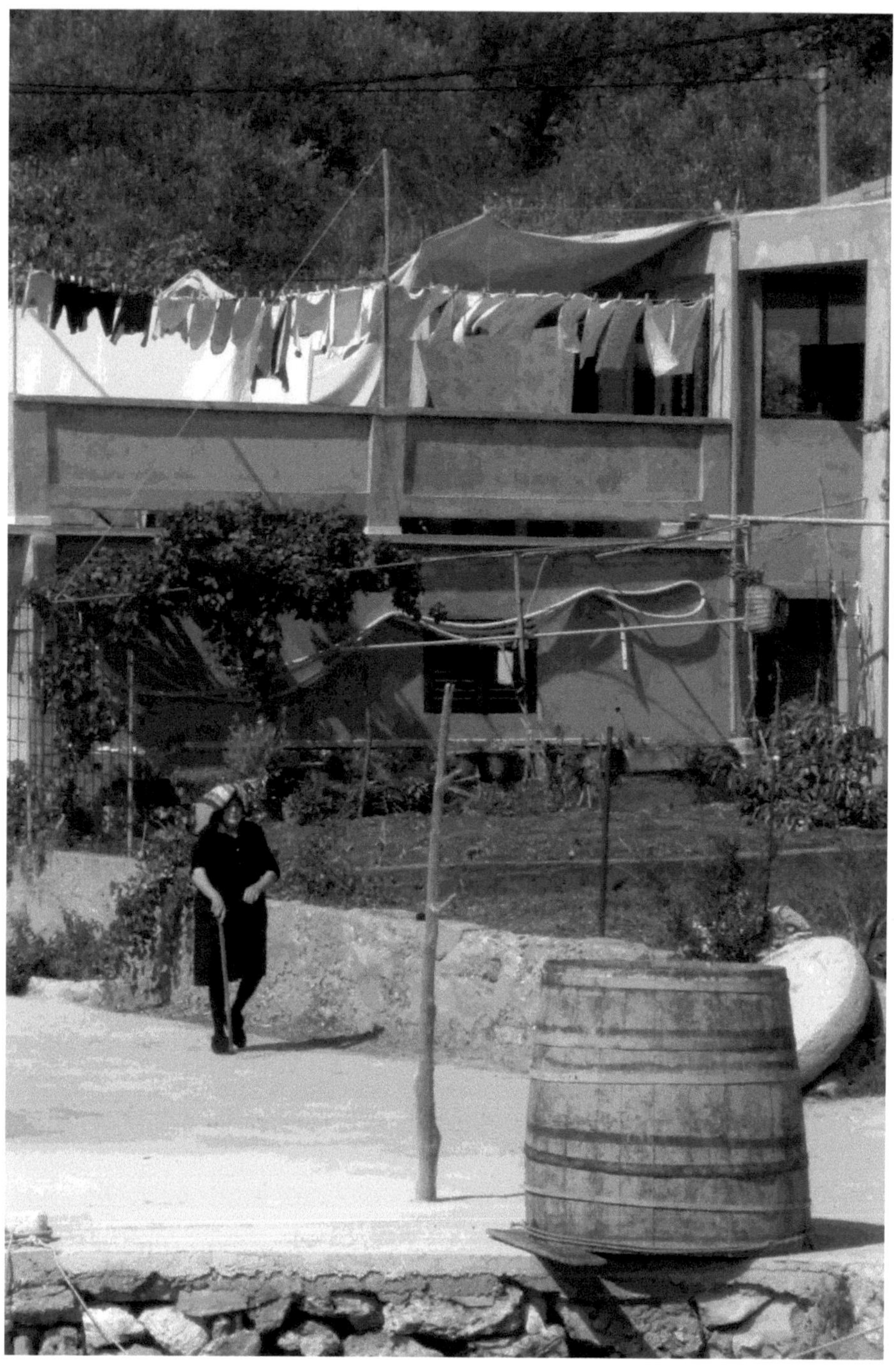

Mala Rava

Es ist die Zeit des Sonnenuntergangs. Es ist die Zeit des beginnenden Lebens in dem stillen Ort an der stillen Bucht, und es ist die Zeit der Rückkehr, der Rückkehr der Männer, die den Tag in Fabriken auf dem Festland verbringen.

Bevor die Sonne hinter den östlich gelegenen Höhenrücken der Nachbarinsel taucht, lässt sie die Häuser von Mala Rava in goldenem Rot erglühen. Vor den erleuchteten Mauern der einfachen Bauten heben sich die Umrisse der schwarzen Frauen kontrastreich ab. So kontrastreich, wie die schwarze Vermummung des Kopfes und Oberkörpers sich zu den überraschend kurzen Röcken ausmacht. Die Bewegungen sind langsam, bedächtig aber unaufhaltsam und sie streben alle, fast alle, in eine Richtung zu einem Ort. Wie schwarze Spinnen kommen sie aus den Verstecken, den Gassen, den Türöffnungen. Ziel und Endpunkt: der Hafen.

Eine unbeschreibliche Übertreibung: Hafen – für eine kurze betonierte Mole, an der das Linienschiff täglich zweimal anlegt. Morgens, um die Männer zu entführen und abends, um die Männer wieder zu bringen für eine Nacht, eine kurze Nacht.

Das Entladen dauert, Staub nebelt im Gegenlicht der sinkenden Sonne. Zementsäcke, Schubkarren, Wasserballons, Schaufeln, ein Traktor, neue Netze für die wenigen Fischer, Angeln, ein paar Töpfe; immer neue Dinge tauchen aus den Laderäumen der Fähre auf und werden an Land gestellt. Die neuen Besitzer nehmen ihre Sachen an sich, und der Traktor wird mehrfach vor den interessierten Beobachtern hin- und hergefahren.

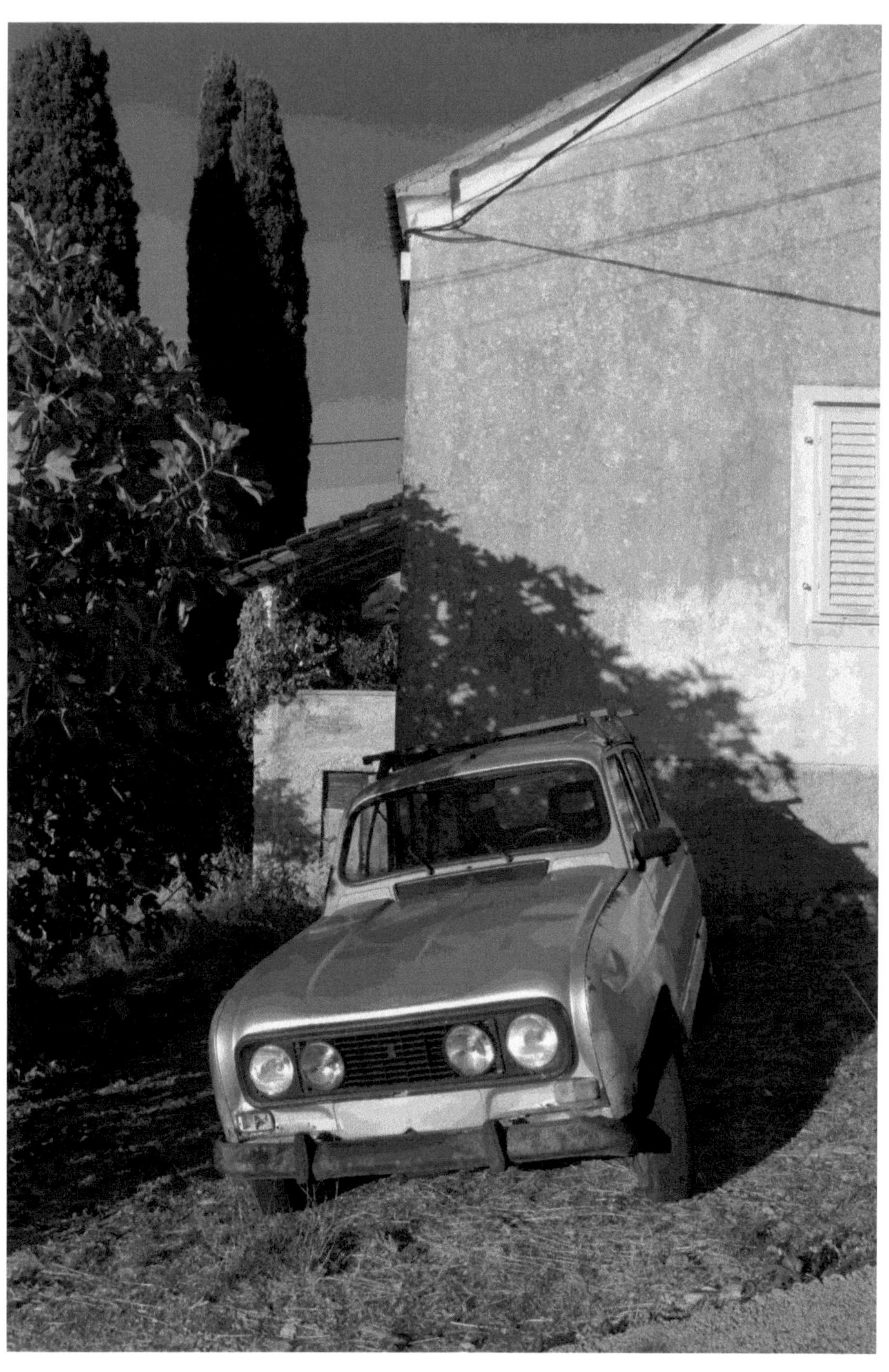

Menschen gehen zu zweit oder in größeren Gruppen am Kai auf und ab, vertieft in Gespräche. Niemand spricht im Stehen, alle bewegen sich in ruhigem Vorwärtsschreiten auf der nicht gerade großen Fläche am Hafen.

Sie umrunden eine Dattelpalme, einige der hier ständig geparkten Autos und zum Trocknen ausgelegte Fischernetze.

Nacheinander beginnen die Straßenlaternen ihr Licht auszustrahlen, und gelbe Bäche durchziehen die Häuserreihen. Aus den Fenstern der Bauten fällt zusätzliches Licht auf die Wege und erhellt sanft gegenüberliegende Mauern.

Wie eine Plastik liegt Mala Rava vor den Augen der heimkehrenden Fischer. Stehend in ihren Holzboten rudern Sie von Reuse zu Reuse in Ufernähe, der Eintakter-Diesel bleibt still. Nur zur Ausfahrt wird er genutzt, die Rückkehr erfolgt ohne Motor, still und gemächlich.

Langsam verschwinden die Menschen, still wie sie gekommen sind, in den Gassen, in den Häusern. Die Sonne hat sich hinter die Berge von Dugi Otok gesenkt, versieht die Spitzen noch für eine kurze Zeit mit einem Strahlenkranz, dann senkt sich Dunkelheit über die Inseln.

Der Duft von gegrilltem Fleisch, von gebratenem Gemüse, von Küche und Grill erfüllt die Nacht. Leises Gläserklirren, leise Gesänge hier und da, dann schläft Mala Rava ein, um mit dem Sonnenaufgang wieder zu erwachen.

Die Fähre legt an, die Männer steigen ein, keine Begleitung am Morgen. Erst am Abend werden sie bei ihrer Rückkehr von Zurückgebliebenen empfangen, Tag für Tag.

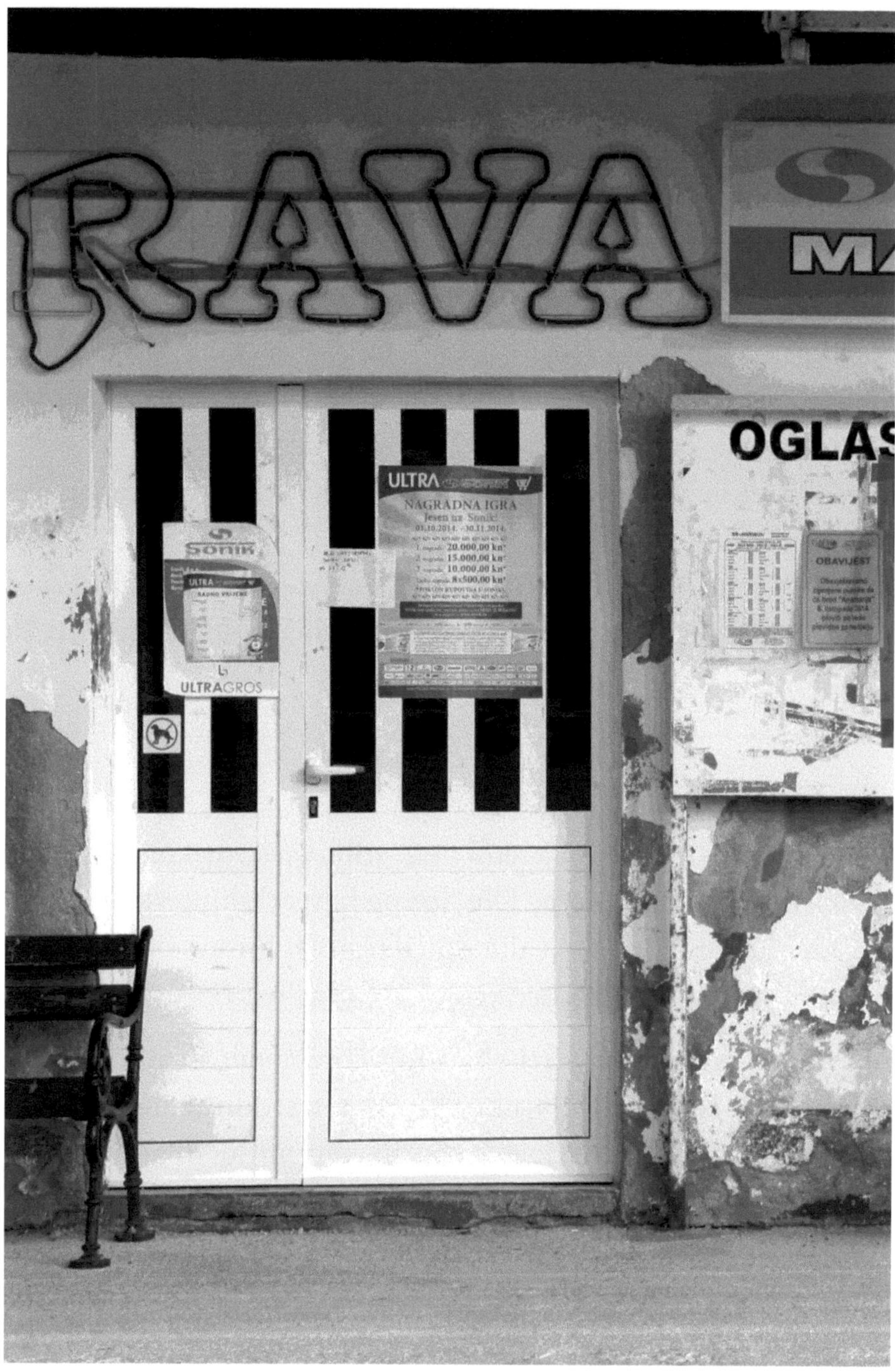

Die Insel besitzt keine Frischwasserquellen. Das wertvolle Nass muss in Trockenzeiten mit dem Schiff gebracht werden. Fällt Regen, wird der Niederschlag in großen Betonwannen aufgefangen und in Zisternen gespeichert.

Fischzucht im Kanal, dem Wasser zwischen den Inseln, hat das Leben verändert. Fischer sind nur noch alte Männer, die nie anderes waren als Fischer. In immer gleicher Ausgeglichenheit steuern sie abends ihre Holzboote zu den Netzen, die sie morgens ausgelegt haben, und sind zufrieden, wenn der Fang als Mahlzeit reicht. Selten geben sie Fische an Touristen ab, die in der Bucht vor Mala Rava mit ihren Segelyachten ankern. Nicht aus Unfreundlichkeit, nur weil sie nicht mehr gefangen haben.
Die seit einigen Jahren im Kanal liegende Fischzucht bietet keine Arbeitsplätze, sie wird vom Festland aus betrieben, und es reicht eine Person zur Fütterung und Betreuung. Zur „Ernte", also der Schlachtung, legt ein spezielles Verarbeitungsschiff an.

So bleiben die Alten, so gehen die Jungen. Manche kehren abends zurück, manche bleiben für immer weg, suchen Arbeit auf dem heimatlichen Festland, irgendwo in Europa. Männer zuerst, dann auch die Frauen, die jungen.

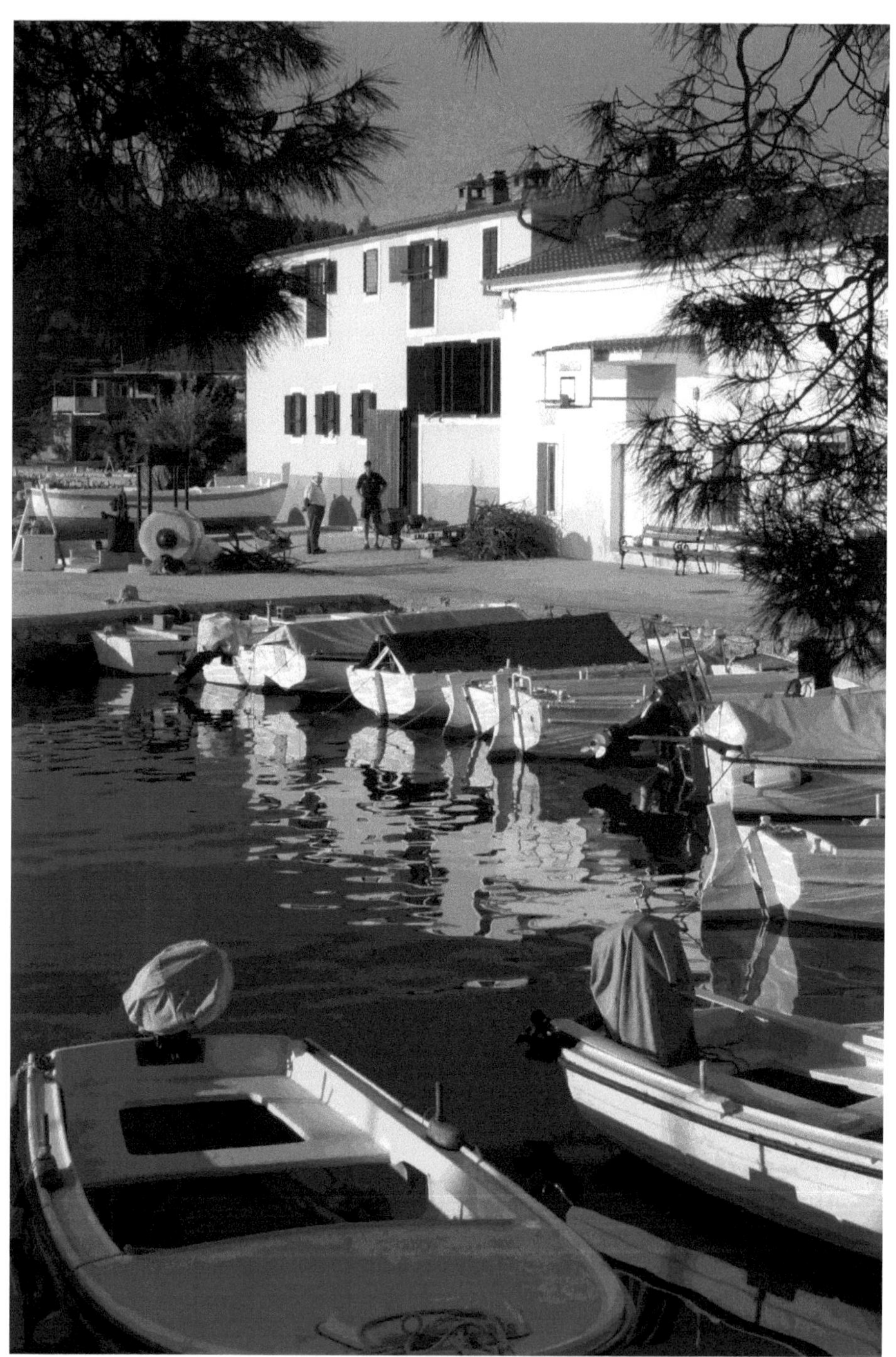

Nur Segeltouristen kommen immer mehr zur Insel Rava, besuchen Vela Rava oder Mala Rava und bezahlen eine Gebühr, um an einer der ausgelegten Bojen anlegen zu dürfen.

Manchmal gehen sie auf der einzigen Straße über die Insel von Vela Rava nach Mala Rava. Manchmal kaufen sie ein wenig ein im Mini-Supermarkt, und manchmal haben sie Glück, und ein Fischer verkauft ihnen einen Teil seines Fangs.

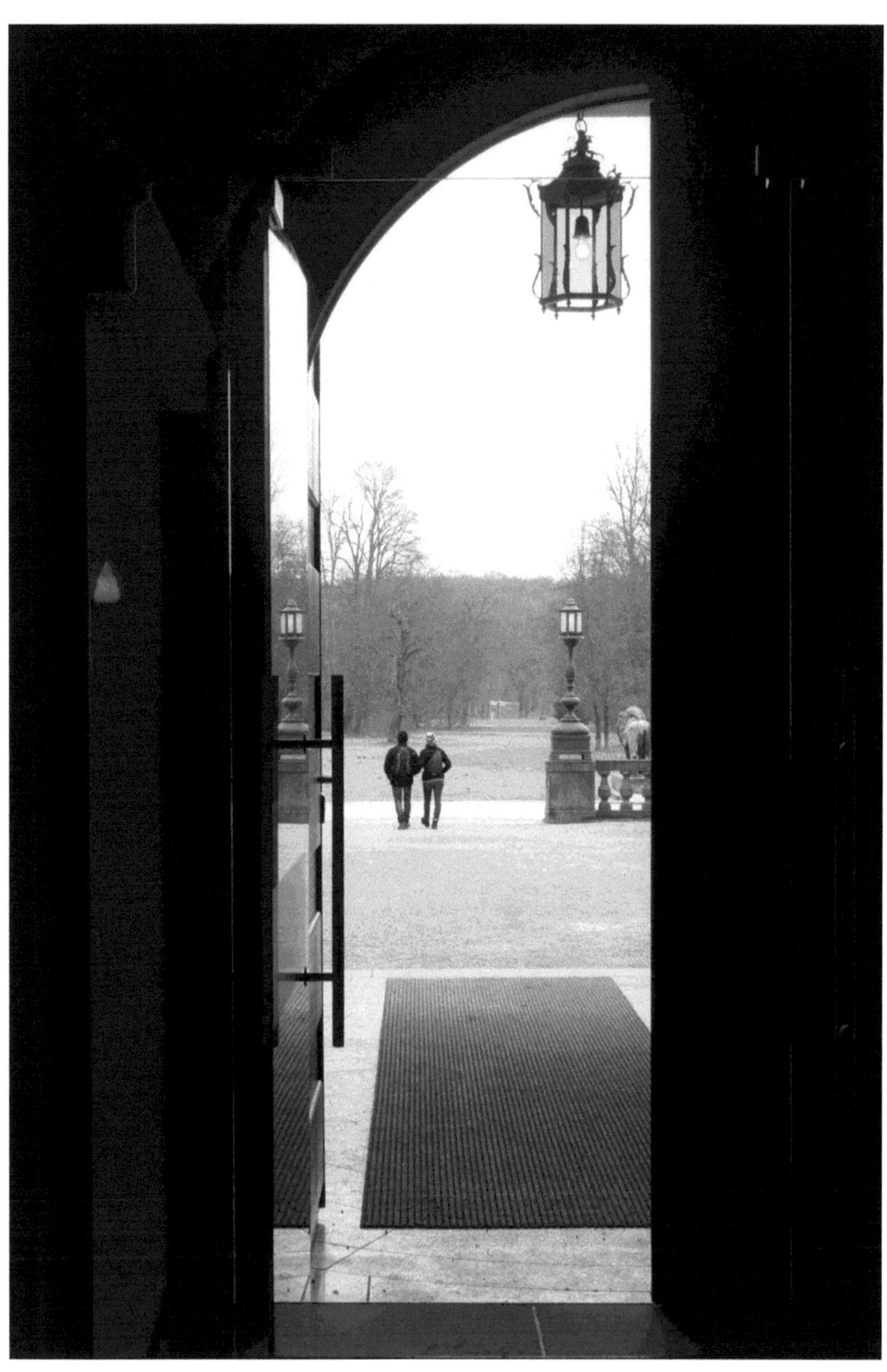

Cowboy

Nichts weiter als stummes Hufgeklapper in watteweichen, kniehohen Staubwölkchen, durchdrungen vom gelbroten Gegenlicht des weichenden Tages.

Nichts weiter als früher Morgentau, Spiegelflächen in saftgrünem Gras, verletzbar bis zum trocknenden Mittagslicht.

Nichts weiter als die gesellige Einsamkeit des Waldes, gefüllt von Stimmen unsichtbarer Bewohner, die sich erst nach und nach zu erkennen geben.

Nichts weiter als der unberührte Glanz des Sees, der die Geschichten der fernen Berge an seinen Ufern beherbergt.

Nichts weiter hatte ihn dazu gebracht, Cowboy zu werden.

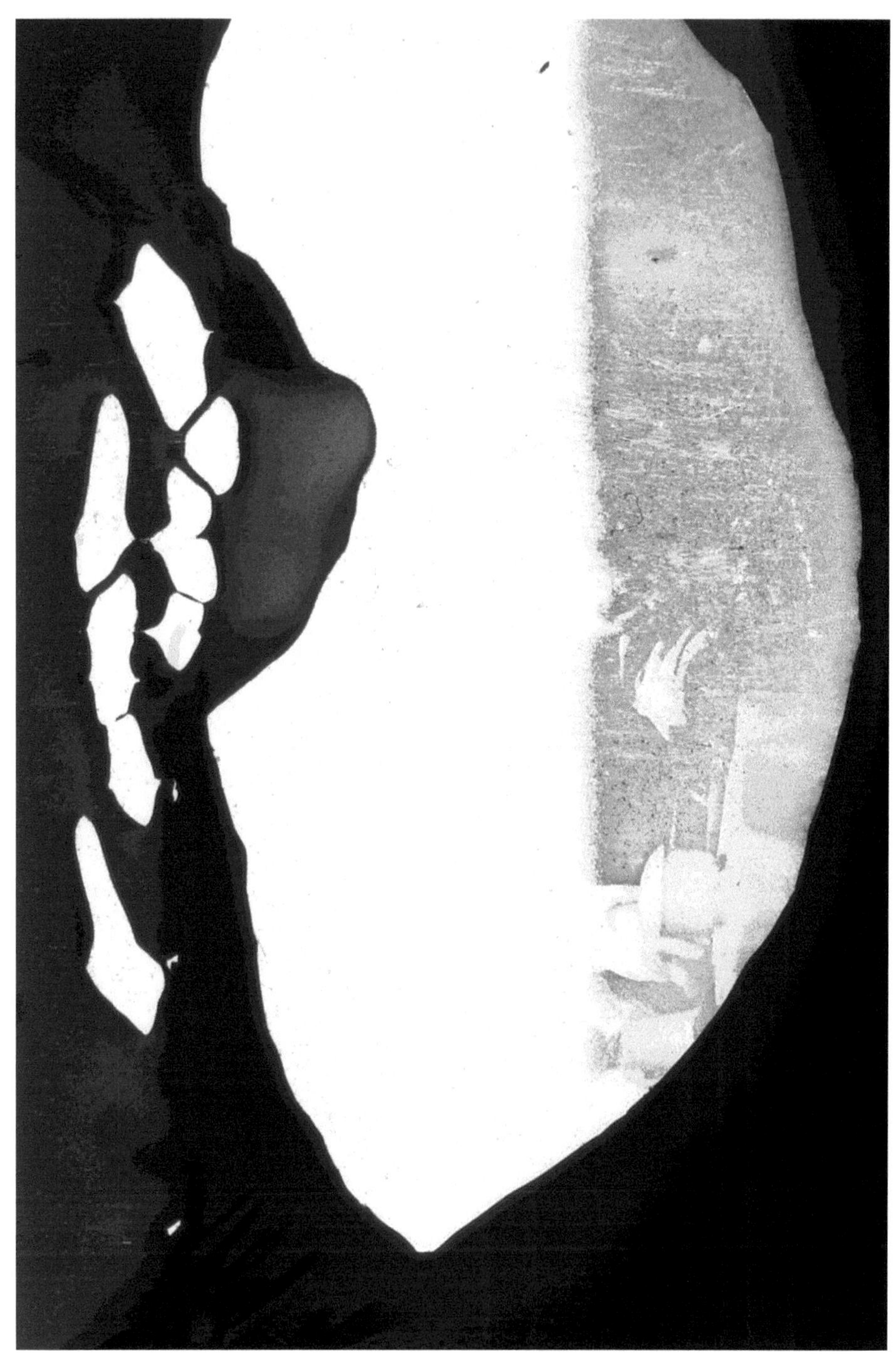

Der Bär

Er glaubte, der Ring in der Nase würde nicht so sehr schmerzen, wenn er seine tägliche Honigration bekäme.

So wehrte er sich nur andeutungsweise und begab sich voller Erwartung in Gefangenschaft.

Das Aufrechtgehen wurde mühsam und die abendlichen Scheinwerfer, hinter denen sich ein anonymes Klatschen versteckte, das sein Wärter ihm stets vorenthielt, brannten in seinen Augen.

Seine Welt war im Gleißen nicht mehr sichtbar.

Der Honig verlor Tag um Tag an Süße, der Nasenring schmerzte unaufhörlich steigernd, und er war sich sicher, eines Tages würde er ihn sich in einem letzten Kraftakt aus dem Gesicht reißen und lieber nasenlose Freiheit genießen.

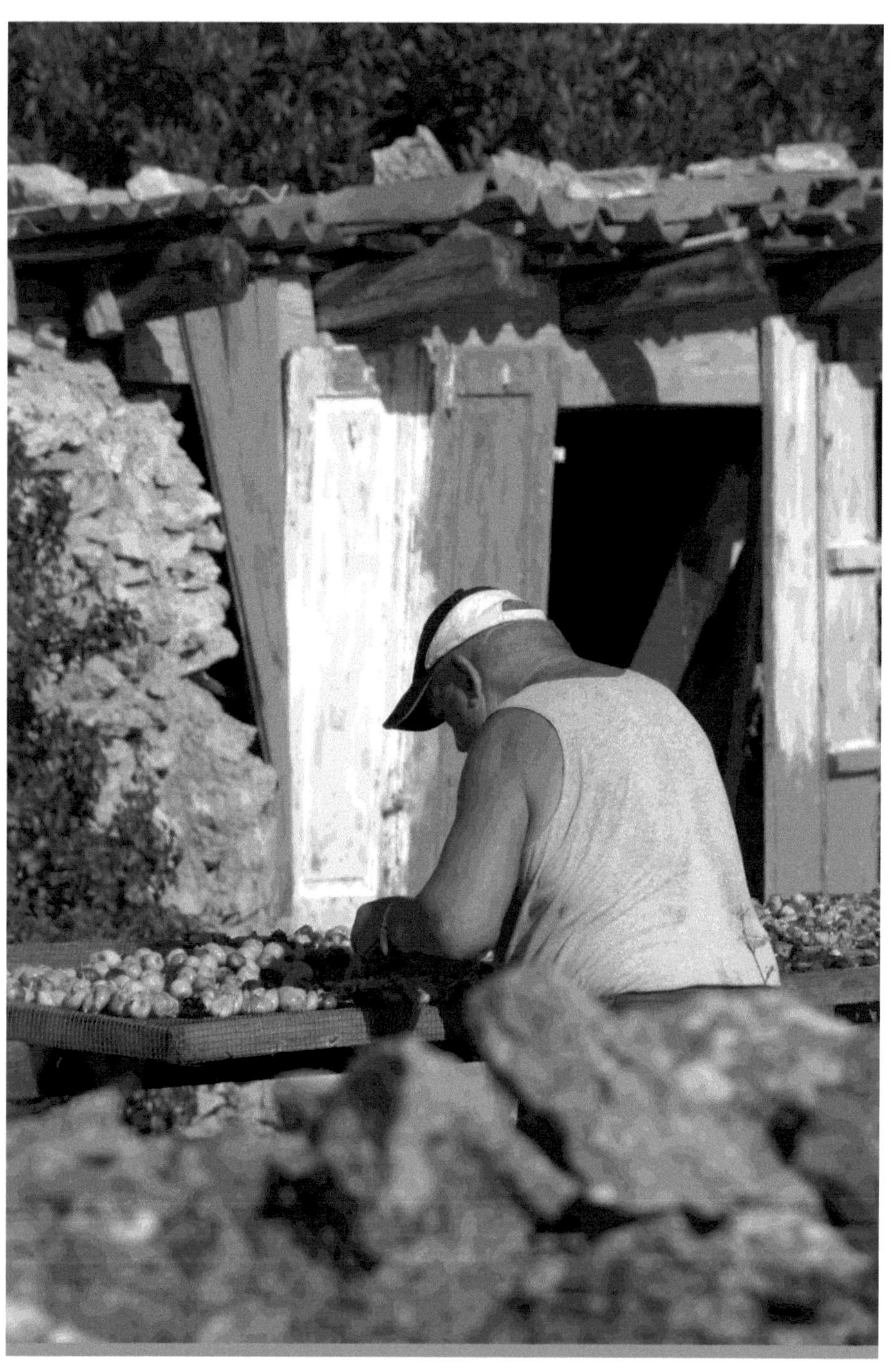

Der König

Nur manchmal stiegen die Wolken über das hochgelegene Schloss. Und nur dann konnte er auf seine Ländereien blicken.

Aber niemals sah er sie im Sonnenglanz. Seine prachtvollen Prunkutensilien verloren ihren Glanz während dieser kurzen Zeit der hohen Wolken, und das Volk verlor die Achtung vor ihm.

Im gleißenden Sonnenlicht war er mit seinen Statussymbolen allein, unter ihm die Wolkenwand, darunter seine Untertanen – unsichtbar für ihn.

Weil es Aufgabe der Sonne war, ihm zu dienen und zu gehorchen, schafften es die Wolken nur selten, über seine Festung zu steigen, und dann auch nur für kurze Momente.

Erst als er die Sonne eines Tages freiließ und von seiner Festung ins Tal zu den Menschen hinunterstieg, folgte sie ihm freiwillig in treuer Freundschaft.

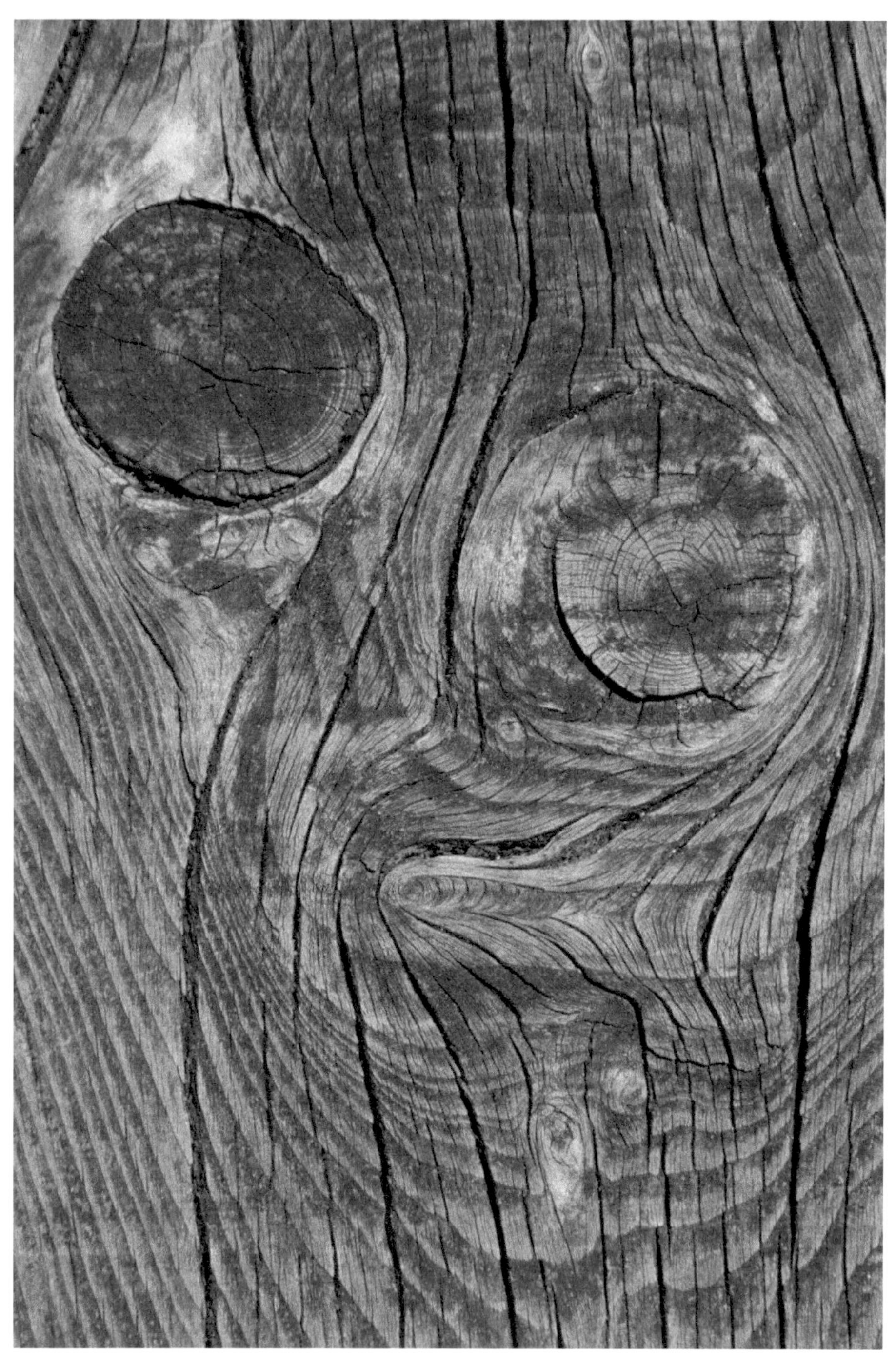

Der Löwe

Die Sonne wärmte sein Fell, und manchmal wusch der Regen den Staub heraus.

Er hatte gelernt zu warten, bis die Jägerinnen Beute brachten. Selbstverständlich war es ihm, dass er seinen Teil davon erhielt, ohne Fordern, ohne Fragen.

Die Wohltat des Nichtstuns und der Erwartung bestimmte seinen Tagesablauf. Die Sicherheit wurde ihm schnell zur Gewohnheit.

Alles war in Ordnung, bis zu dem Tag, an dem ein anderer sich für die Beute bedankte. Da musste er erstmals selbst jagen gehen.

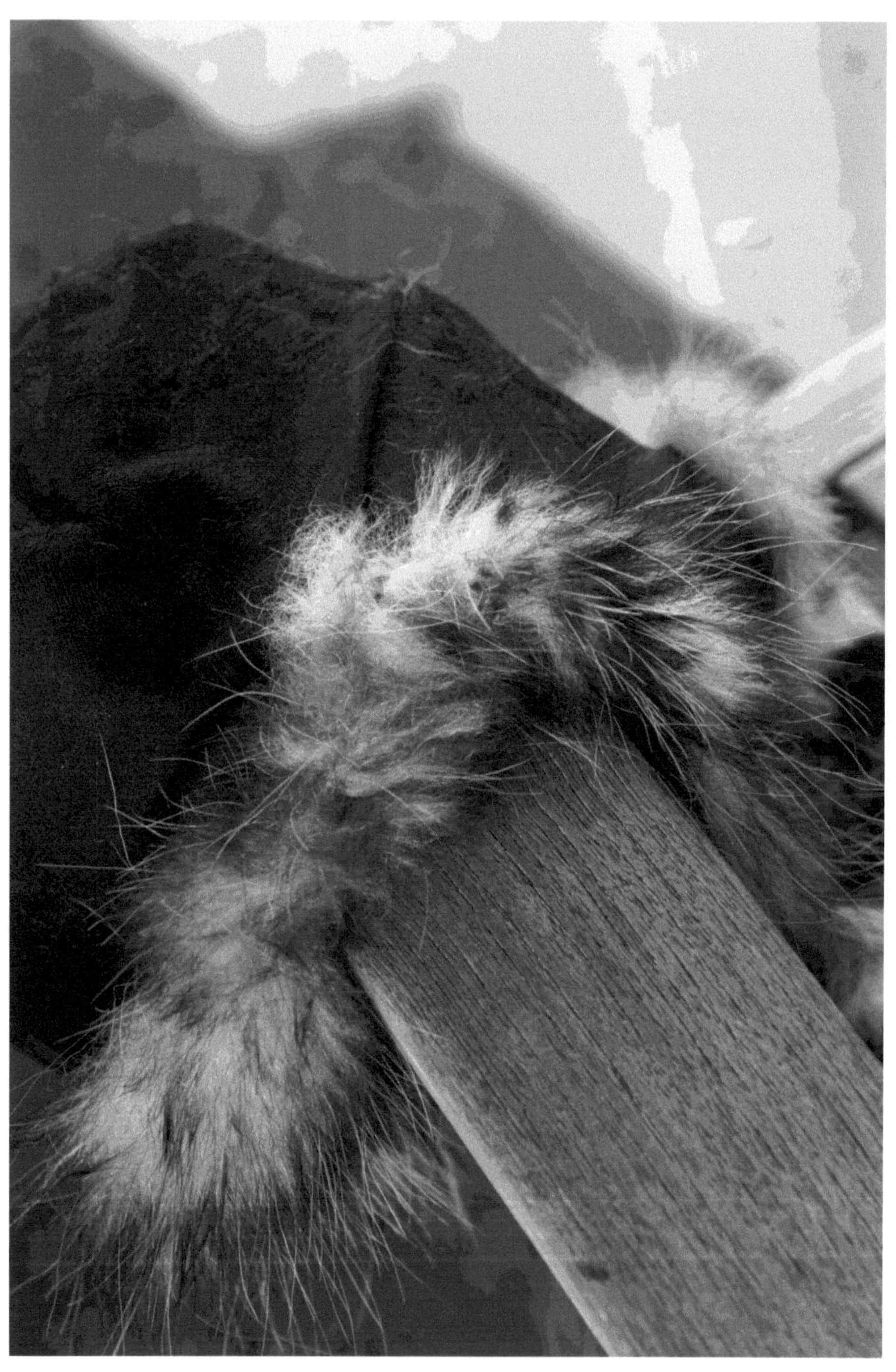

Die Katze

Seidenweiches Schnurren, das wusste sie, begeistert die Menschen, auch ihre geschmeidigen Bewegungen und ihr distanzierter Blick.

Sie empfand es als angenehm und gerecht, wenn die Zweibeiner um ihre Gunst buhlten.

Sie akzeptierten auch immer wieder ihre Launen bei der Fütterung und machten ihr nicht ernsthaft eigentlich verbotene Plätze streitig.

Warum das so war, wusste sie nicht.

Als sie ihren neunundneunzigsten Vogel getötet und vor die Eingangstür gelegt hatte, wurde sie eingeschläfert.

Dabei war ihr letzter Gedanke an die Millionen getöteter Menschen, und dass die Verantwortlichen sich immer noch bekreuzigen.

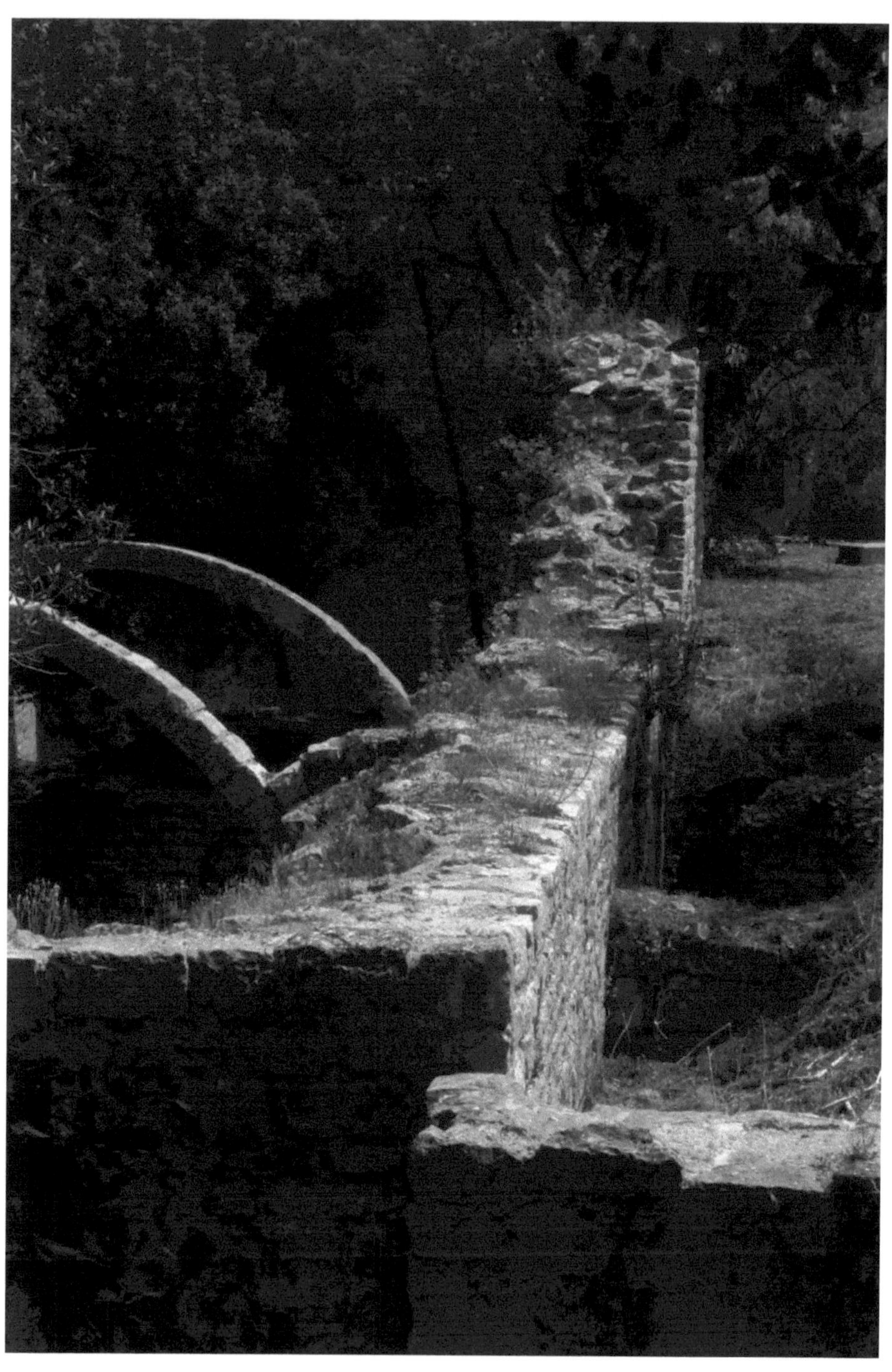

Fee

Die Fee trauerte – ihre Macht hatten Schornsteine übernommen, die Atomkraft und die Kommunikationsmedien.

Das „Drei Wünsche hast Du Ringspiel" funktionierte nicht mehr, weil es den neuen Mächten an Schnelligkcit unterlegen war.

Außerdem erschienen drei Wünsche den Menschen als recht wenig.

Sie erfüllten sich eine Vielzahl an Wünschen, indem sie immer mehr arbeiteten und kauften, was ihre Nachbarn vor ihnen gekauft hatten, möglichst etwas größer, schöner.

Sie lasen in Zeitungen, hörten im Radio, sahen im Fernsehen, verfolgten im Internet, dass ihre Erde verkam, dass die Artenvielfalt bei den Lebewesen immer geringer wurde, die Luft immer stärkcr mit Schad stoffen belastet und das Wasser immer knapper wurde, die Kriege immer heftiger.

Die Fee trauerte, weil niemand kam, ihren letzten Ring zu holen.

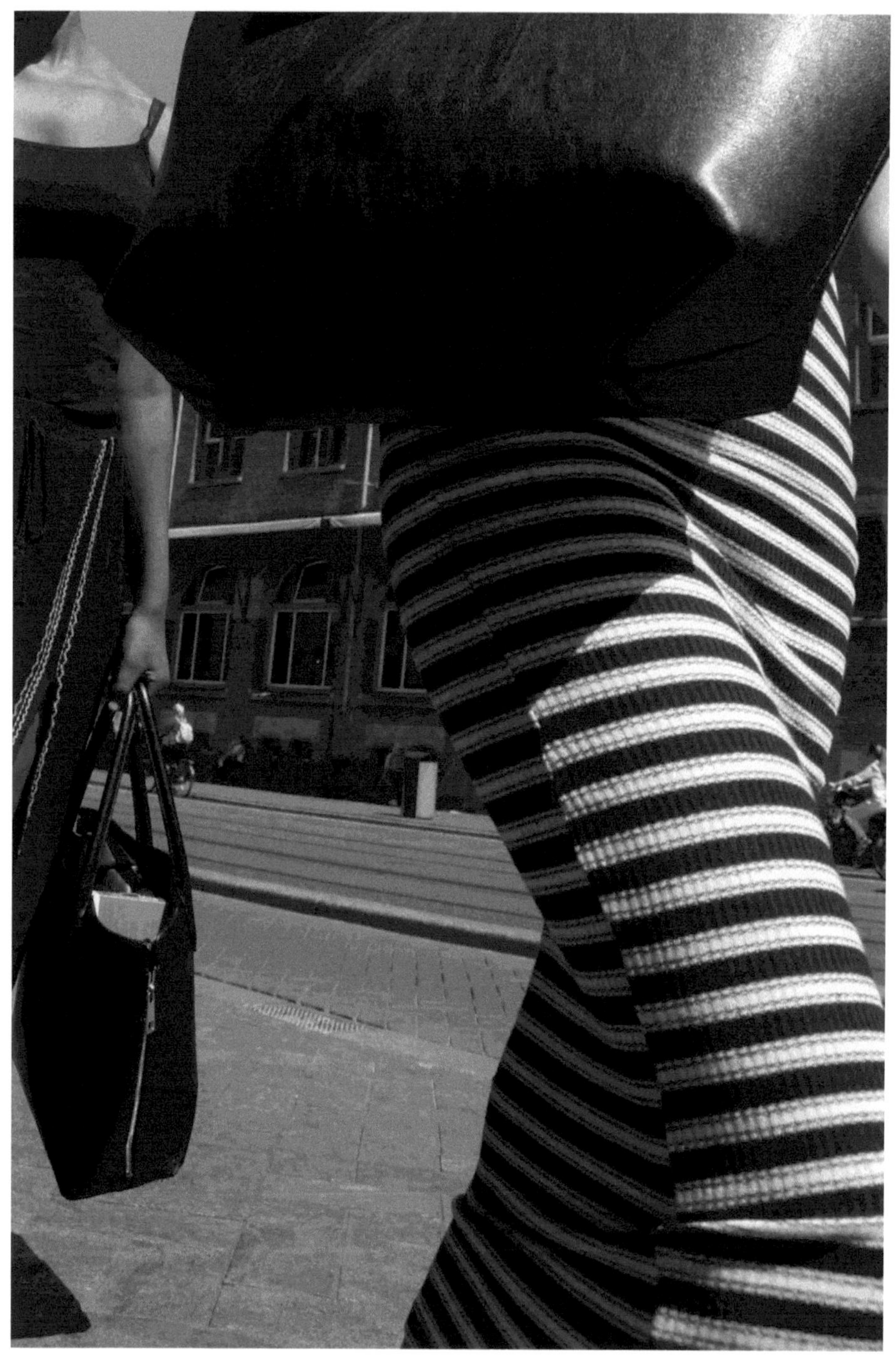

Hexe

Unbemerkt schlich sie vom Scheiterhaufen und stellte sich hinter die johlende Menge.

Warum sie verbrannt werden sollte, war nicht klar, niemanden, aber es versprach, ein Schauspiel zu werden.

Sie sah anders aus als alle anderen, hatte rote Haare, grüne Augen, trug geflickte Kleidung und sprach von Dingen, die einige wenige Mächtige nicht verstehen wollten und die viele Ohnmächtige nicht verstehen sollten.

In der vordersten Reihe der Schaulustigen standen die Mächtigen und Wichtigen.

Als sie hinter allen stand, wurde sie breit und stark, schritt auf das Feuer zu, alle vor sich herschiebend.

Leider erlosch es, als die erste Reihe hineingestürzt war.

Weil sie erschreckt floh, konnte sie nicht wissen, ob einige aus der ersten Reihe überlebten.

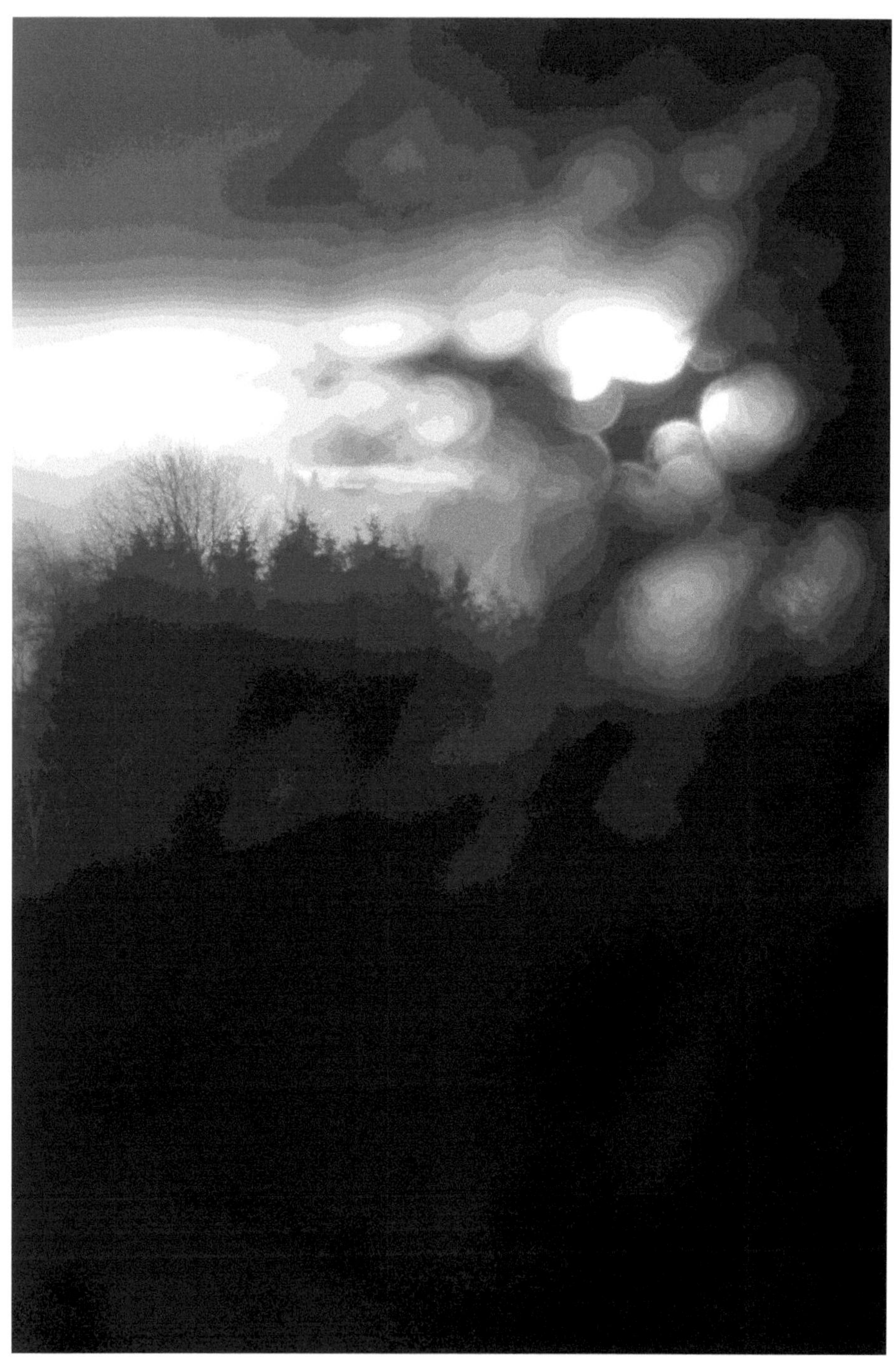

Indianerhäuptling

Der Büffel stand mitten in der Sonne, die vergaß unterzugehen, als sie den Indianerhäuptling sah.

 Zu lange hatte sie keinen gesehen, alle waren über Jahre verschwunden, und niemand kannte noch einen oder wusste, wo einer anzutreffen wäre.

Und der, der sie jetzt hinderte, die Nacht anbrechen zu lassen, sah auch nicht so aus, wie ein Indianerhäuptling immer aussah.

Erst im letzten Augenblick, kurz bevor sie hinter den Horizont sinken wollte, erkannte sie ihn.

Er trug luftdichte Plastikhosen, eng verbunden mit einem lichtdichten Oberteil und einen Vollhelm mit fast schwarzem Visier, wie es heute alle trugen. Angeblich zum Schutz vor den aggressiven Strahlen der Sonne, was diese nicht verstand.

Als er aber den Büffel erblickte, den ersten, der einem seiner Generation begegnete, leuchteten seine Augen auch durch das dunkle Glas.

Daran erkannte die Sonne ihn und gelobte, ab morgen mit verminderter Härte zu leuchten.

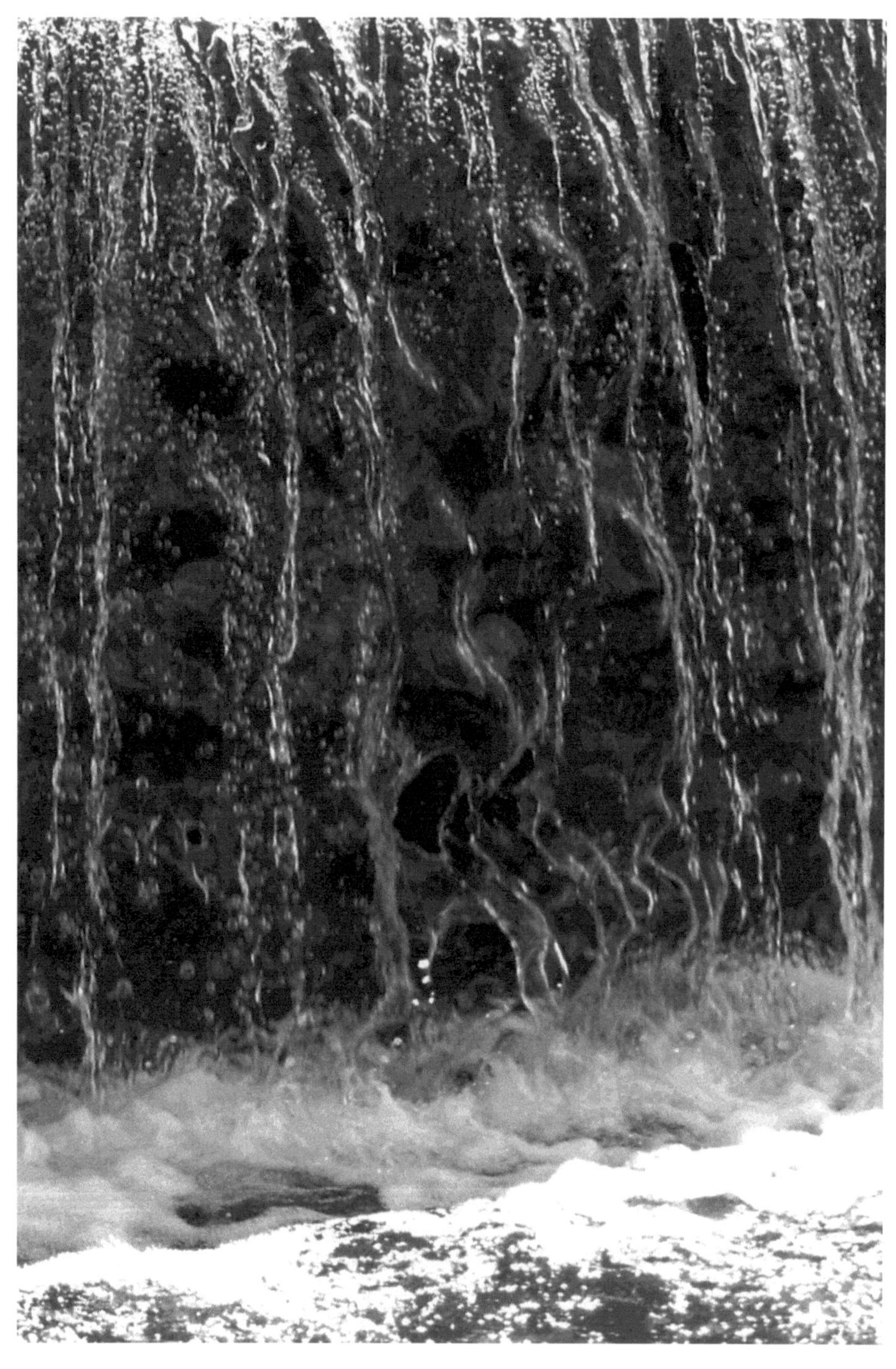

Die Karote
(Originalschreibweise der Auftraggeberin – Marion Vera, 5 Jahre)

Das Leben hatte sie sich anders vorgestellt.

Die Aussicht, entweder am Schopf aus der Erde gerissen oder von unten angeknabbert zu werden, schien nicht beruhigend.

So entschloss sie sich, möglichst langsam zu wachsen.

Außerdem vermied sie, die übliche Farbe anzunehmen, und schaffte es auch, mehr breit als lang zu werden.

Dem Biss der Maus entging sie auf diesem Wege.

Geerntet wurde sie aber doch und erregte äußerstes Missfallen beim Gärtner, der sie umgehend auf den Kompost warf.

Endlich hatte sie ihre Ruhe, wuchs unentdeckt auf stattliche zweiundachtzig Zentimeter Länge und gestattete sogar der Maus ab und zu einen Bissen.

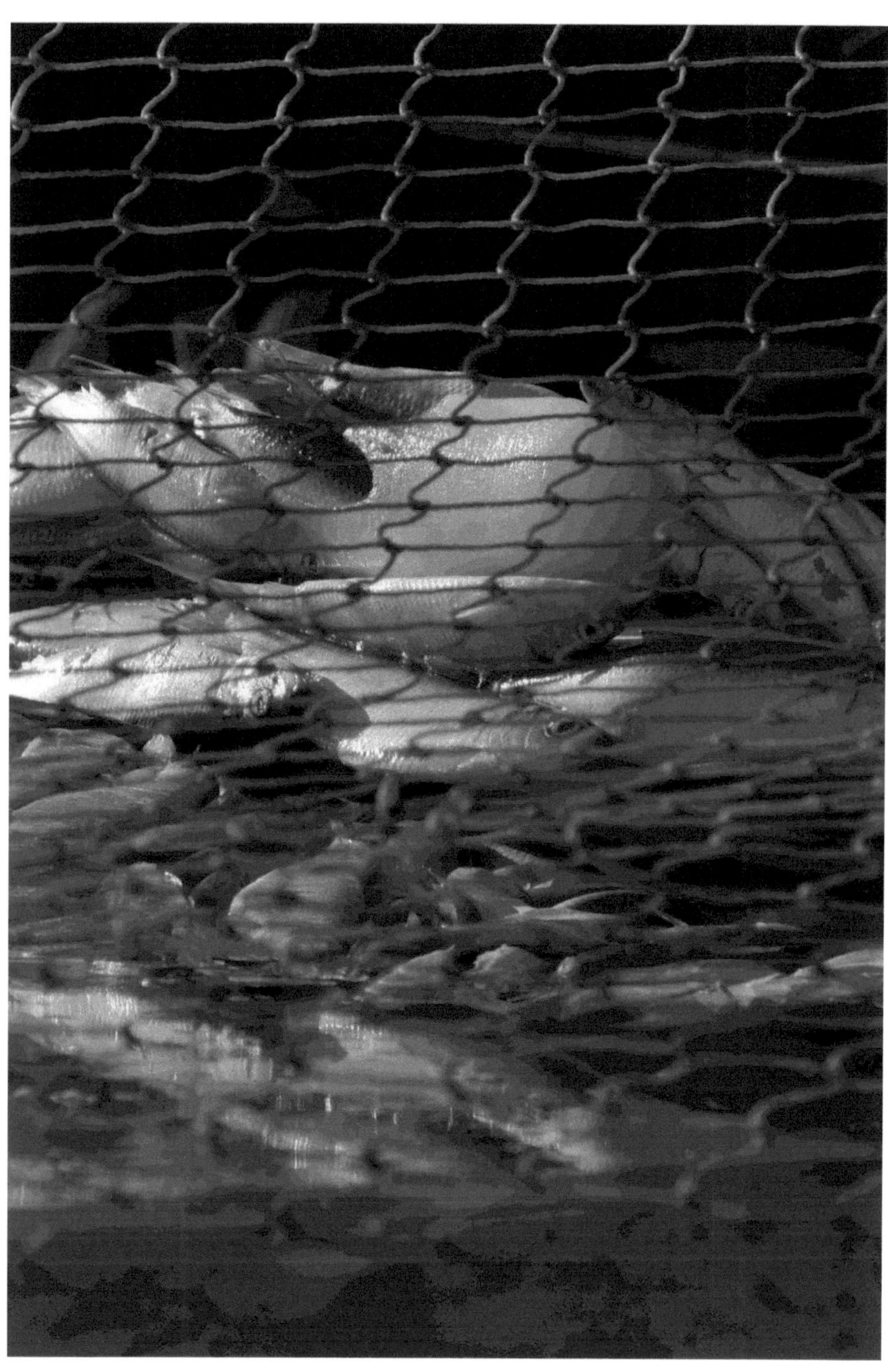

Kasperl

Das wollte er auf keinen Fall weiterspielen.

Immer hinter der Wand mit dem Ausschnitt und den Vorhängen, den Teufel neben sich, seine Großmutter hinter sich und ab und zu einen Polizisten, von der Prinzessin ganz zu schweigen.

Die wollte er auch nicht mehr vor dem Drachen retten.

Also verließ der das Theater und verschwand im Gewühl der Großstadt, im Lichterglanz, im Autolärm, in Restaurants, in Haushalten – mit und ohne Kinder, mit und ohne Hunde – ohne Prinzessin und ohne Teufel, auch ohne Zauberer.

Je länger er das Geschehen außerhalb seiner ursprünglichen Heimat begleitete, umso öfter fand er Großmütter, die waren wie seine, Teufel, die seinem früheren Prügelpartner glichen, nur bösartiger erschienen sie ihm, Polizisten und auch Prinzessinnen, die nur keine waren, aber ganz so taten als wären sie welche.

Mit der Zeit fand er alles sehr beklemmend.

Die Zuschauer lachten nicht, was er nicht verstand.

Deshalb ging er wieder zurück hinter die Wand mit dem Ausschnitt und den Vorhängen.

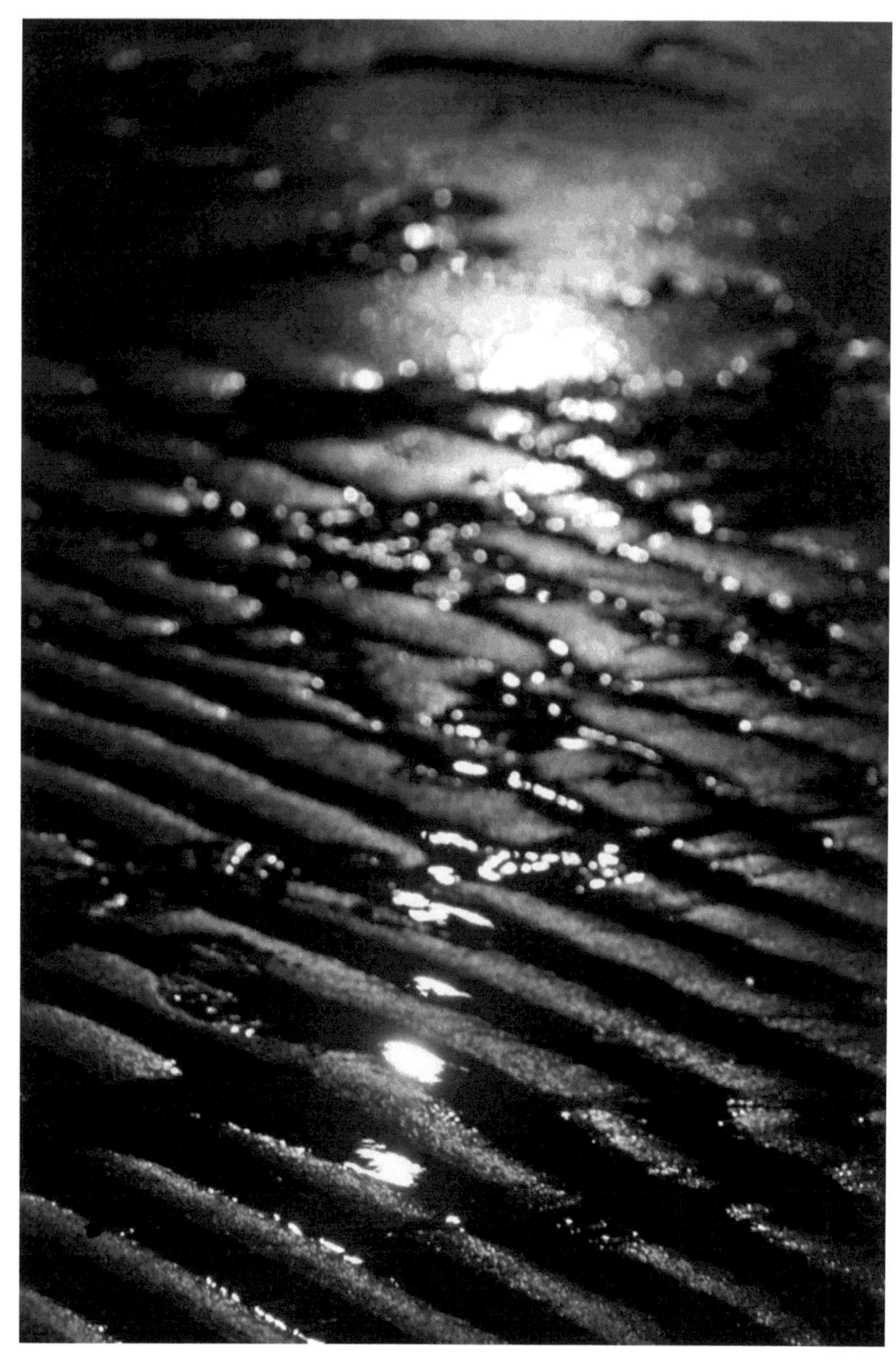

Matrose

Weit hatte er sich vorgewagt, vielleicht getrieben von Erwartungen, Zwängen und Sehnsüchten.

Weit vorne stand er und saugte Sonnengold und Mondsilber in sich auf, trank Regentropfen.

Seine Augen glänzten beim Anblick der Welt vor ihm.

Der Sturm der Empfindungen zerrte an seinem Gefühlsgerippe, Knochen drohten zu bersten.

Die Kraft der wogenden See schien ihm den Boden unter den Füßen wegzureißen, da wandte er sich im letzten Moment um und ging an Land zurück.

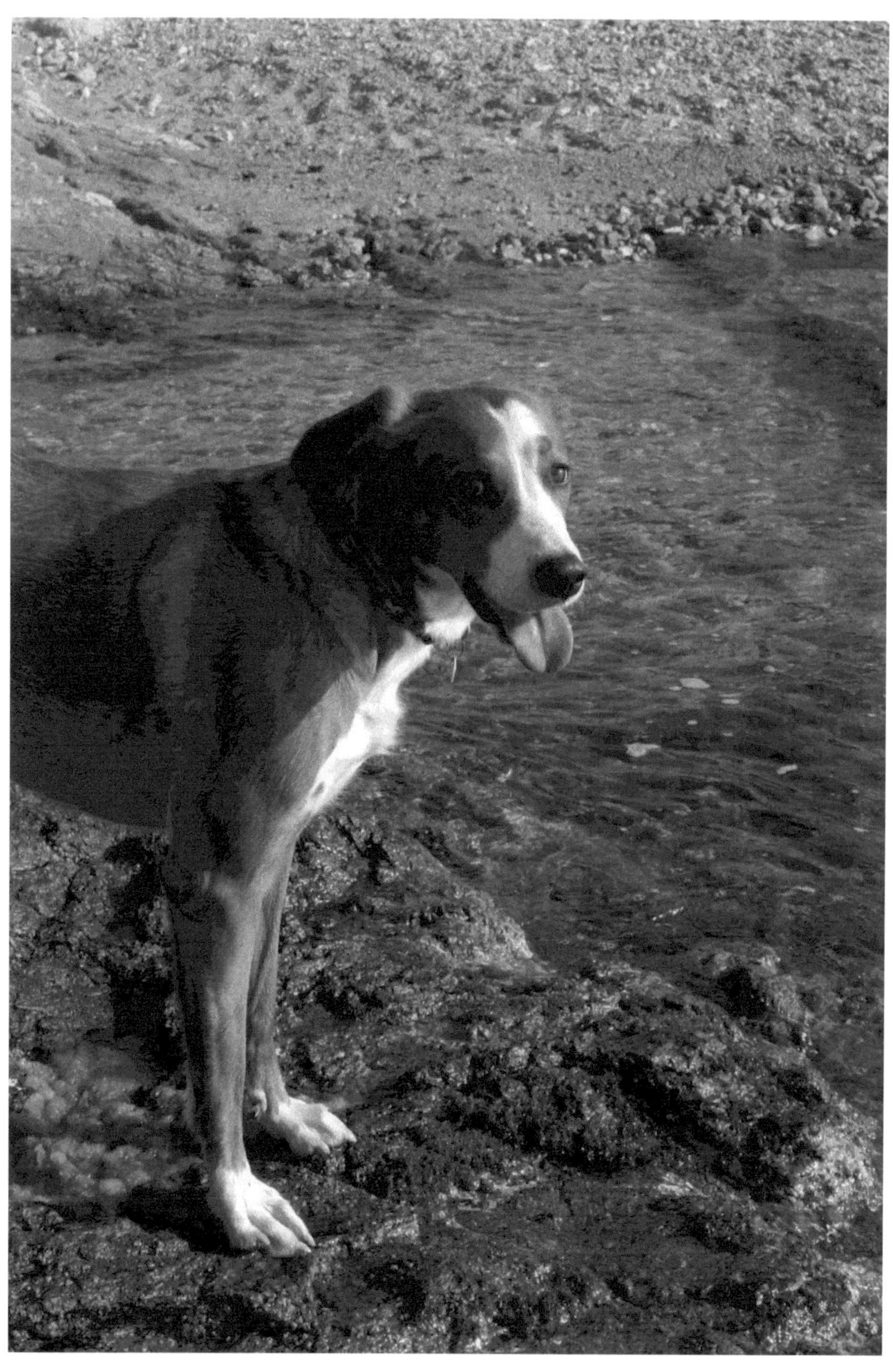

Maus

Sonne und Regen, überhaupt alle Erscheinungen und Dinge über Tage mochte sie nicht.

Sie grub ihre Gänge während der Nahrungssuche und schob die Erde nach oben, wo sie Häufen bildete, was niemand zu stören schien.

Einmal wurde sie mit vielen ihrer Artgenossen in einer großen Erdwalze irgendwohin verschoben – ein Haus wurde gebaut.

Später entkam sie nur knapp einem Spaten, der Löcher für Bäume grub.

Dann verhinderten Betonplatten, dass sie Erde nach oben schieben konnte.

Als sie dann nachsehen wollte, was sich über Tage alles verändert hatte, saß die Katze vor ihr.

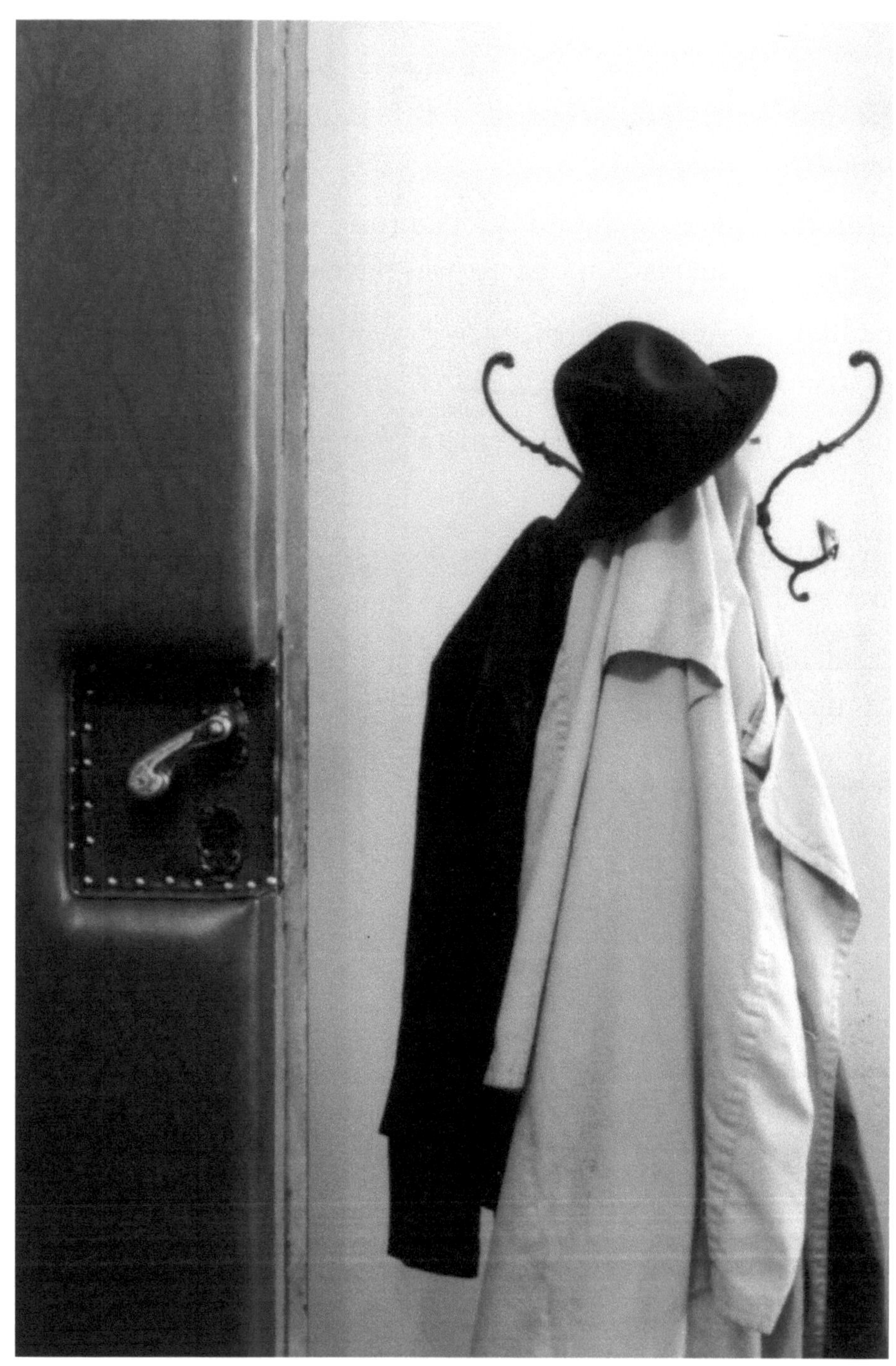

Printz
(Originalschreibweise der Auftraggeberin)

Seine Freude war von kurzer Dauer.

Dunkelrot lag der unüberwindbare Teppich der Verantwortung vor ihm, den er nie zu betreten hoffte.

Zweifel stiegen stets in ihm auf, wenn er zu verstehen suchte, weshalb sein Leben so unendlich sicher vorausbestimmt sein sollte.

Keine noch so winzige Zufälligkeit hatte er erfahren dürfen, keine Stunde wusste er nicht, was vorgeschrieben war.

Am Tag vor dem er die Verantwortung übernehmen sollte, ging er ins Marionettentheater.

Am Tag nachdem er die Verantwortung übernehmen musste, rollte er den dunkelroten Teppich zusammen und schenkte ihn dem Besitzer des Marionettentheaters.

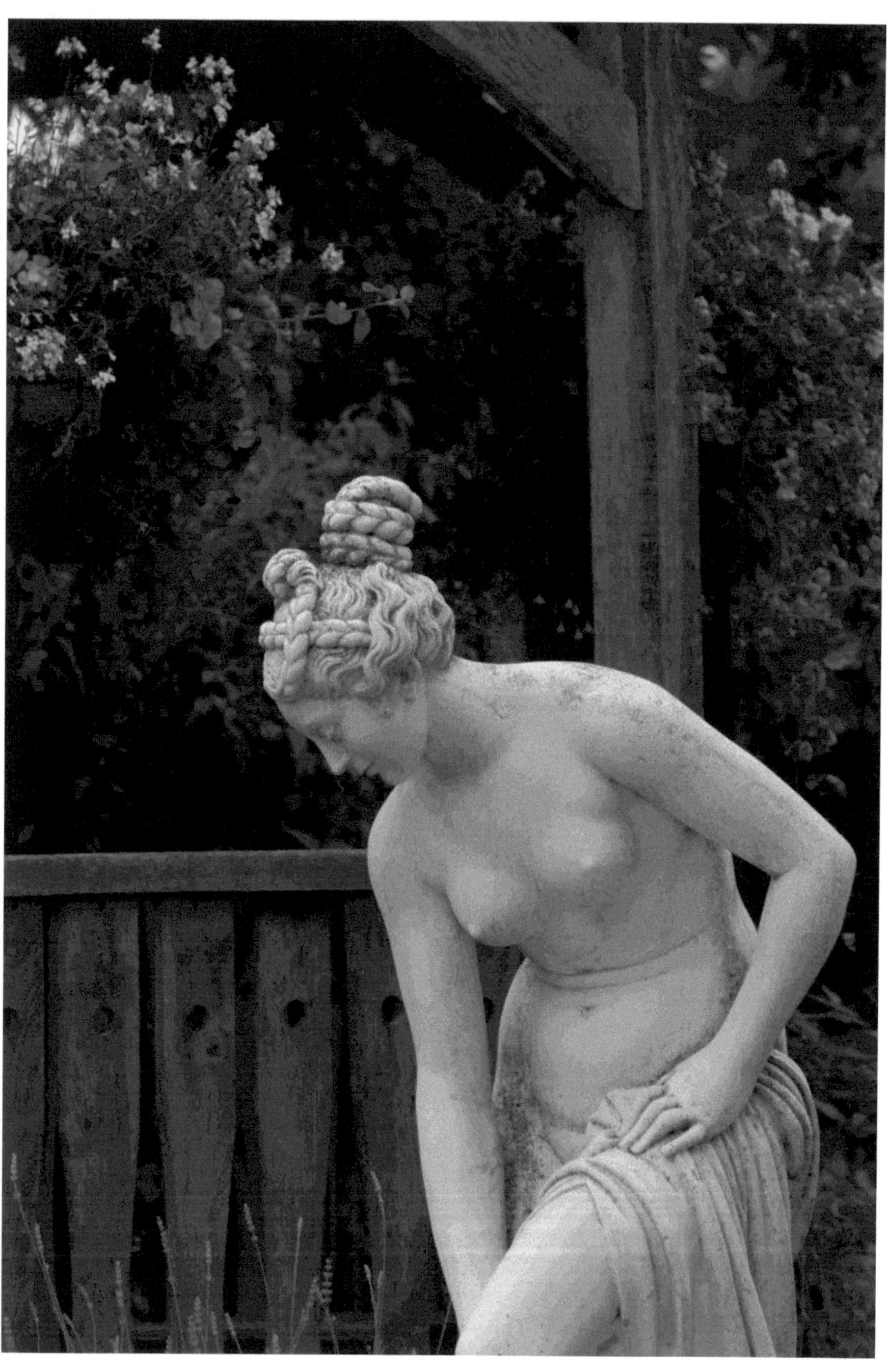

Prinzessin

Ungestüm drängte sie aus den Seidenkleidern, sehnte sich nach anderen Farben als weiß und empfand eine tiefe Sicherheit in ihren Gedanken, die sie oft auf weite Reisen führten.

Oft entkam sie, vom Mond am silbernen Strahl durch die dunkle Nacht geleitet.

Weite Wiesen breiteten Gefühle aus, in die sie entspannt eintauchte, und, dem stärkenden Bade entstiegen, wandte sie sich den Farben zu, die Nachtblüten über sie ausgossen.

Dann legte sie sich den Tönen zu Füßen, begann zu schweben mit geschlossenen Augen.

Stunden später erst erwachte sie, begrüßte die Sonne, die sie sicher durch den Tag geleitete und wusste, dass eine Nacht kommen würde, in der sie die Töne, Farben und Gefühle mit in den Tag hinübernehmen würde.

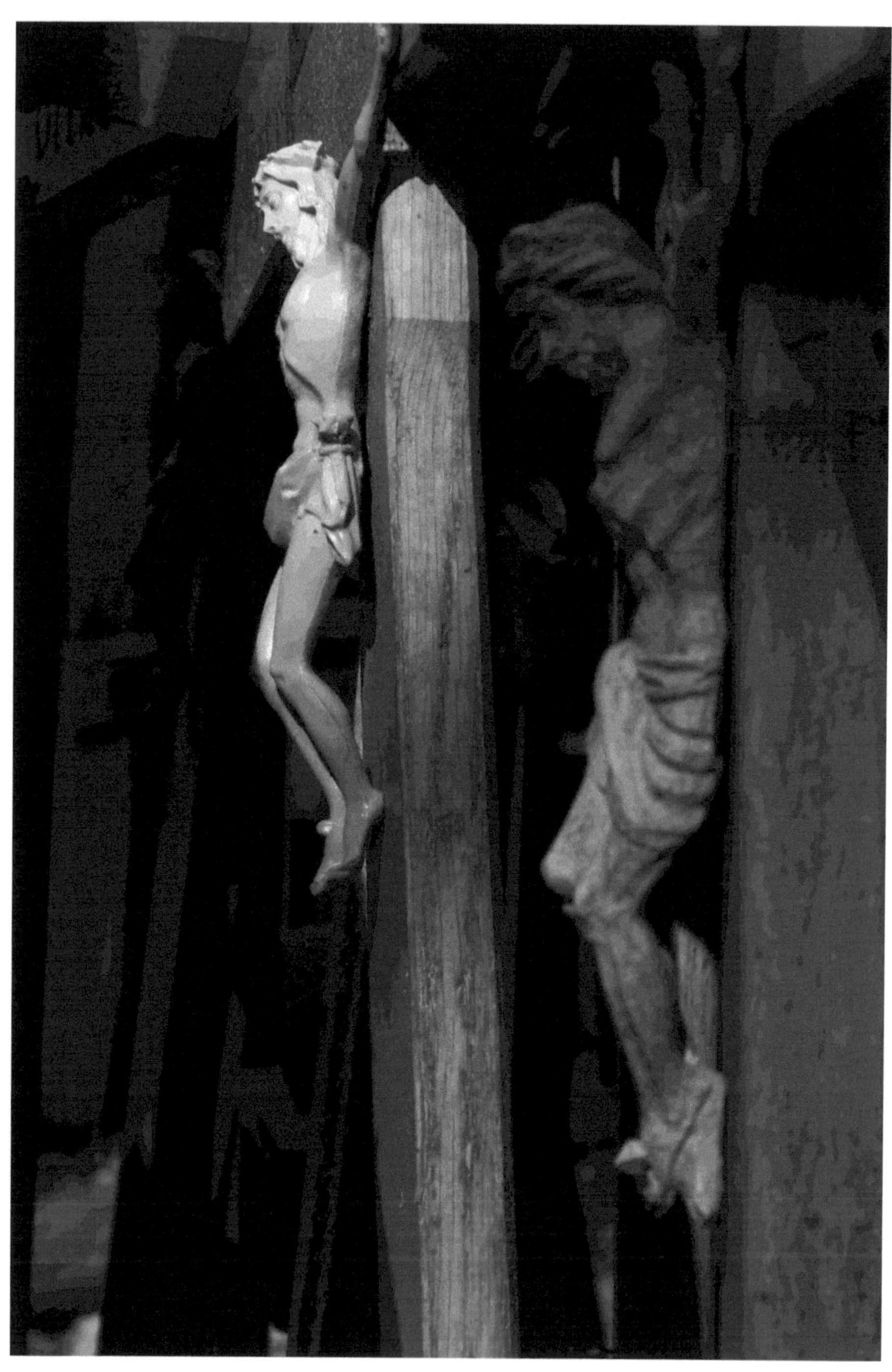

Pumukl
(Originalschreibweise der Auftraggeberin)

Abtauchen, unsichtbar in verbotene oder auch nur heimliche Bereiche einzudringen, zusehen ohne gesehen zu werden, mithören ohne gehört zu werden, dazwischenreden, vielleicht auch ein wenig zwicken oder kneifen.

Helfen natürlich, überraschen und erstaunen lassen.

Die denkbaren Möglichkeiten sind nicht zählbar, bestünde die Möglichkeit, unsichtbar zu werden.

Gut, dass es nur wenigen gelingt.

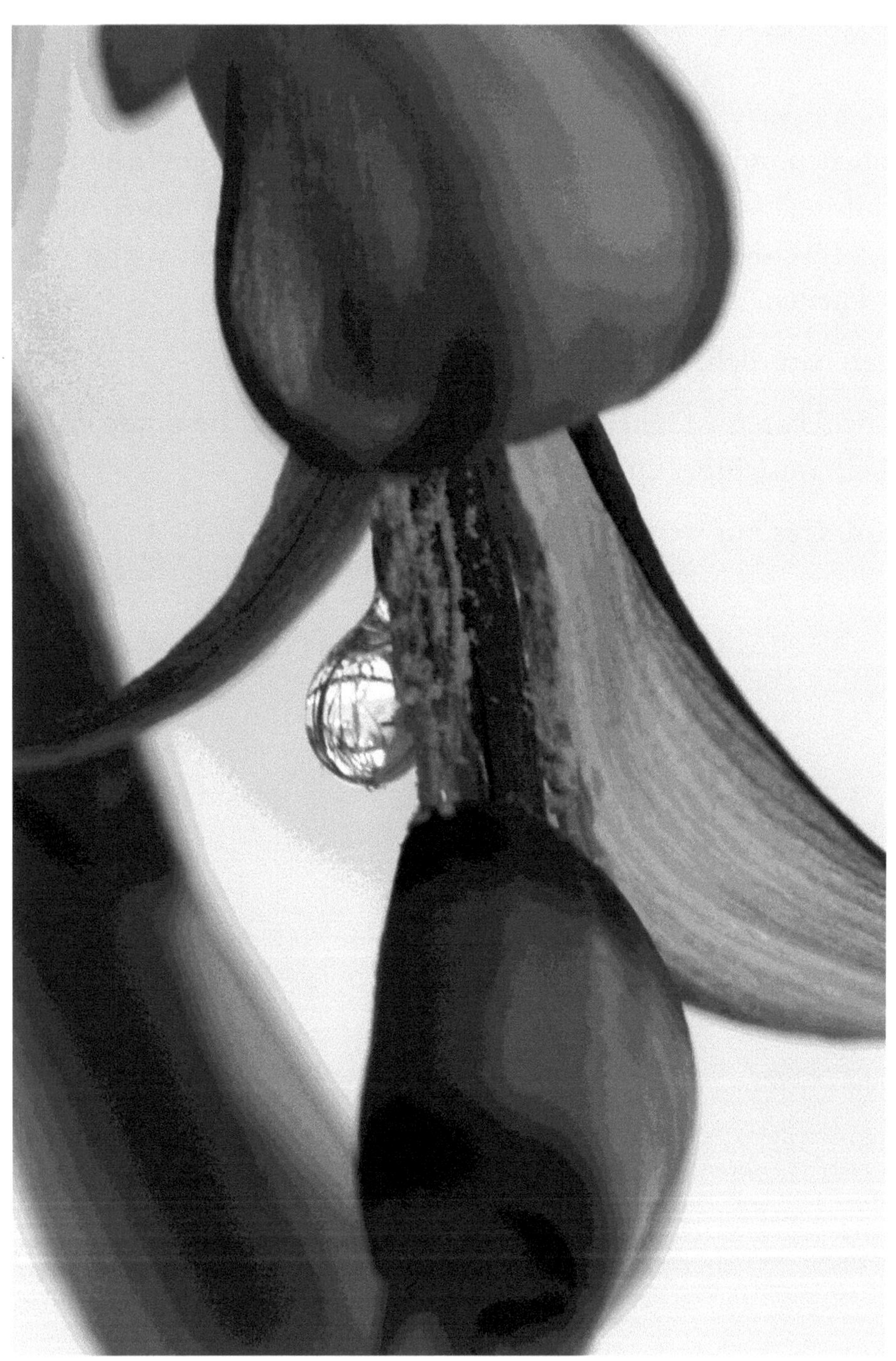

Schneekönigin

Flockengewitter trieb die Menschen in ihre Häuser zurück, als sie Mitte Juli in die Sonne treten wollten.

Noch kurz zuvor waren mehr als dreißig Grad im Schatten gemessen worden, und niemand konnte sich das plötzliche Verschwinden der Sonne erklären.

Allzu zuverlässig war sie die letzten Tage gewesen.

So zuverlässig wie die Tageszeitung, die Tagesschau, das tägliche Frühstück, die Arbeitswoche, so zuverlässig wie Kriege, Neid, Hass und Intrigen.

Keiner hatte daran gedacht oder geglaubt, dass sich irgendwann etwas grundlegend ändern würde.

Als die Sonne diesen Kreis der Zuverlässigkeit erstaunt erkannte, bat sie die Schneekönigin, sich die eigenartigen Verhaltensformen anzusehen.

Damit die Schneekönigin unbeschadet ihre Besichtigungstour absolvieren konnte, entfernte sich die Sonne an einen Ort, ein Vielfaches weiter weg als der, an dem sie sonst zuverlässig stand.

Die Schneekönigin ging drei Tage über die Erde und verschwand dann traurig in den Dezember.

Überlebt hatte sie nur, weil die Sonne nicht zuverlässig war.

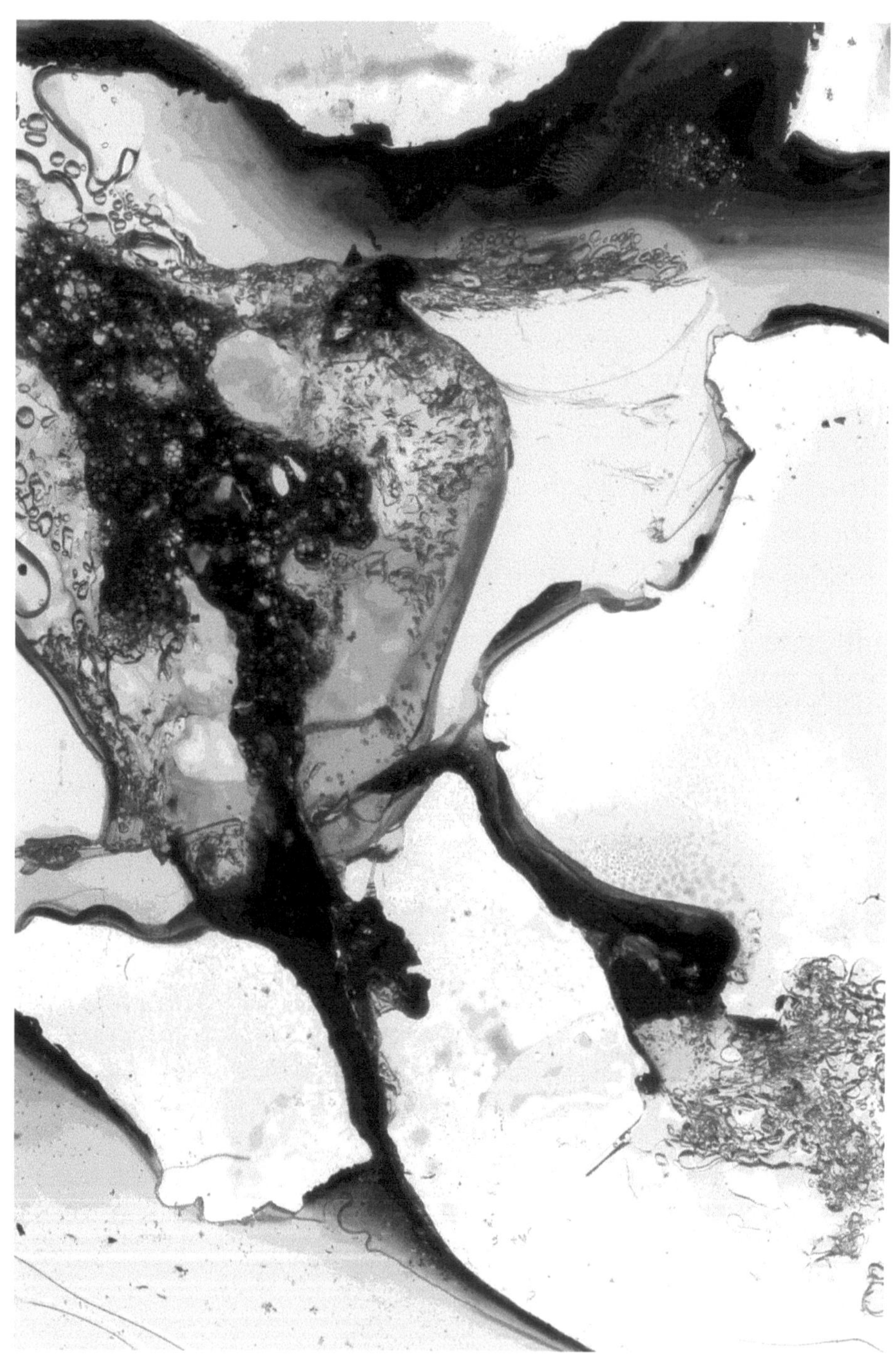

Seereuber
(Originalschreibweise der Auftraggeberin)

Jahrzehntelange, grenzenlose Räuberei beglückte ihn.

Alles hatte er zur See geraubt, was es dort zu rauben gab.

Seine Insel war prachtvoll ausgestattet, und er verkehrte mit angesehenen Persönlichkeiten.

Die einmalige Chance hat sich ihm erst spät geboten.

Nur Freizeiträuber bräuchte er noch zu sein, wenn er diese eine Bombe auf seiner Insel versuchsweise zur Explosion bringen würde, aus sicherer Entfernung natürlich.

Jetzt hat er viele Koffer voll Geld, das keiner will, und Angst davor, in eines seiner Meere zu fallen.

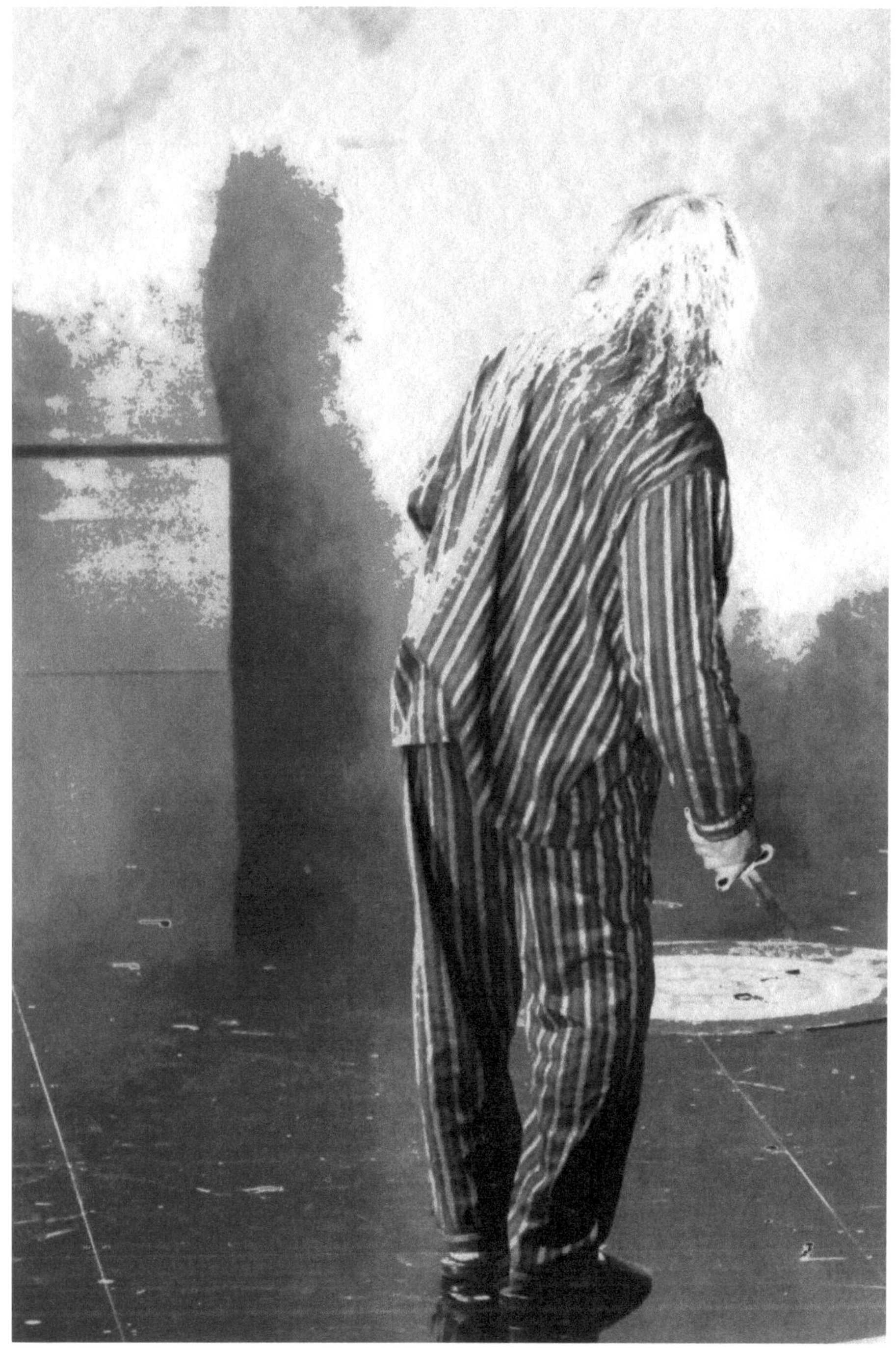

Teufel

Auf keinen Fall wollte er die obligate Reise auf die Erde antreten.

Er fürchtete, entdeckt und verjagt zu werden, vielleicht sogar verletzt oder getötet.

Er musste aber, wie viele seiner Art vor ihm.

Vorsichtig bewegte er sich in Kloakenflüssen, duckte sich in Schatten stinkender Schlote, versteckte sich im Schrei gequälter Tiere, im Pulverdampf der Geschütze und im Blut der Getöteten.

Langsam bekam er Sicherheit, ging aufrecht in Dörfer und Städte und war nicht einmal verwundert darüber, dass ihn keiner erkannte.

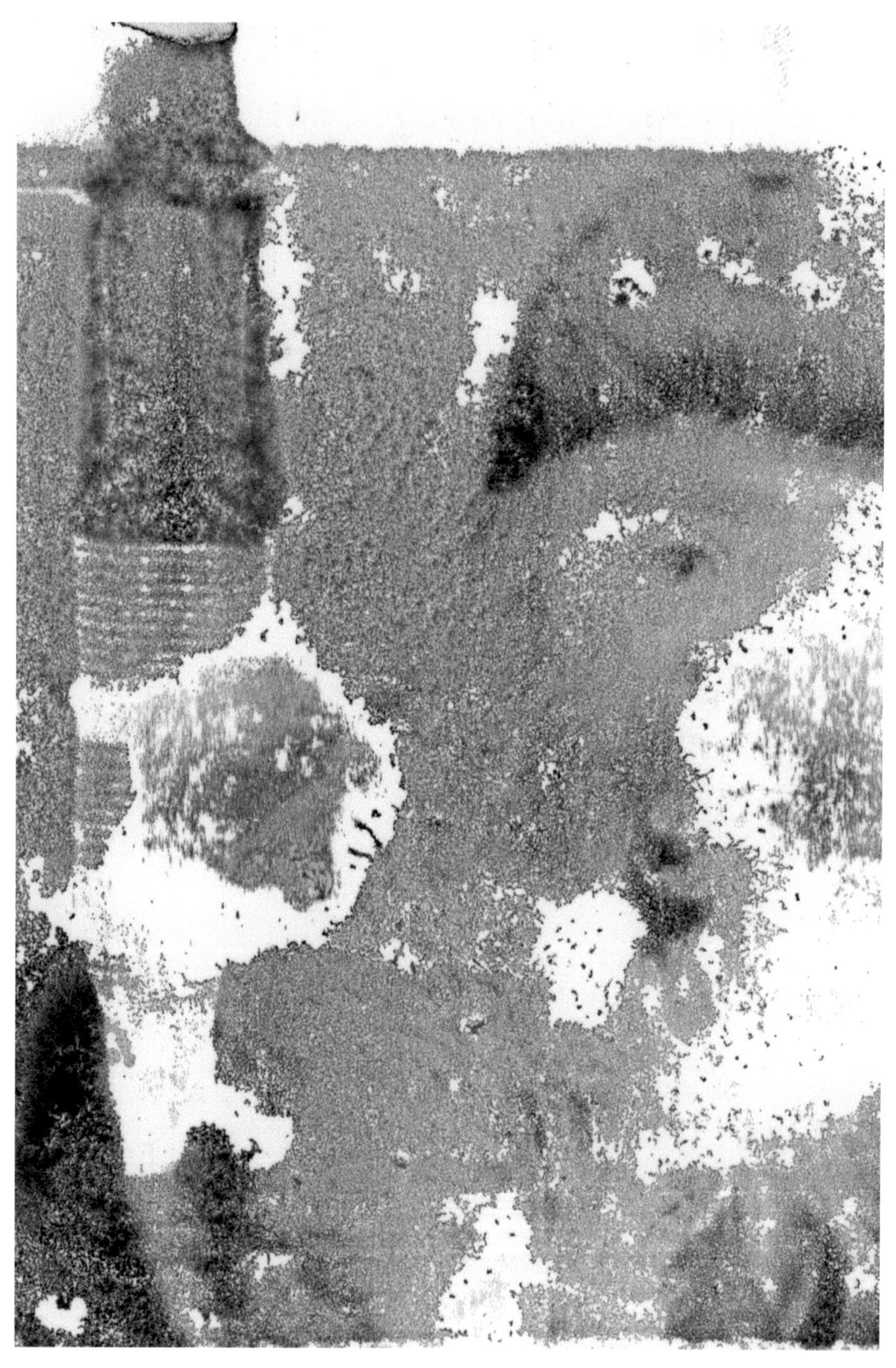

Zauberer

Er wurde bewundert, bestaunt, beschimpft, geschmäht, angebetet und verflucht.

Seine Kunststücke waren ab einem gewissen Zeitpunkt zu gering nach Meinung der Zuschauer.

Pflanzen wachsen, Blüten tanzen, Wasser fließen zu lassen, genügte nicht mehr, auch nicht, wilde Tiere zu streicheln, durch die Lüfte zu fliegen, übers Wasser zu gehen, Sonne und Mond aufgehen zu lassen, Krankheiten zu heilen, Tote zu erwecken.

Als sie ihn dann baten, noch größere Dinge zu tun, schaltete er die Sonne ab.

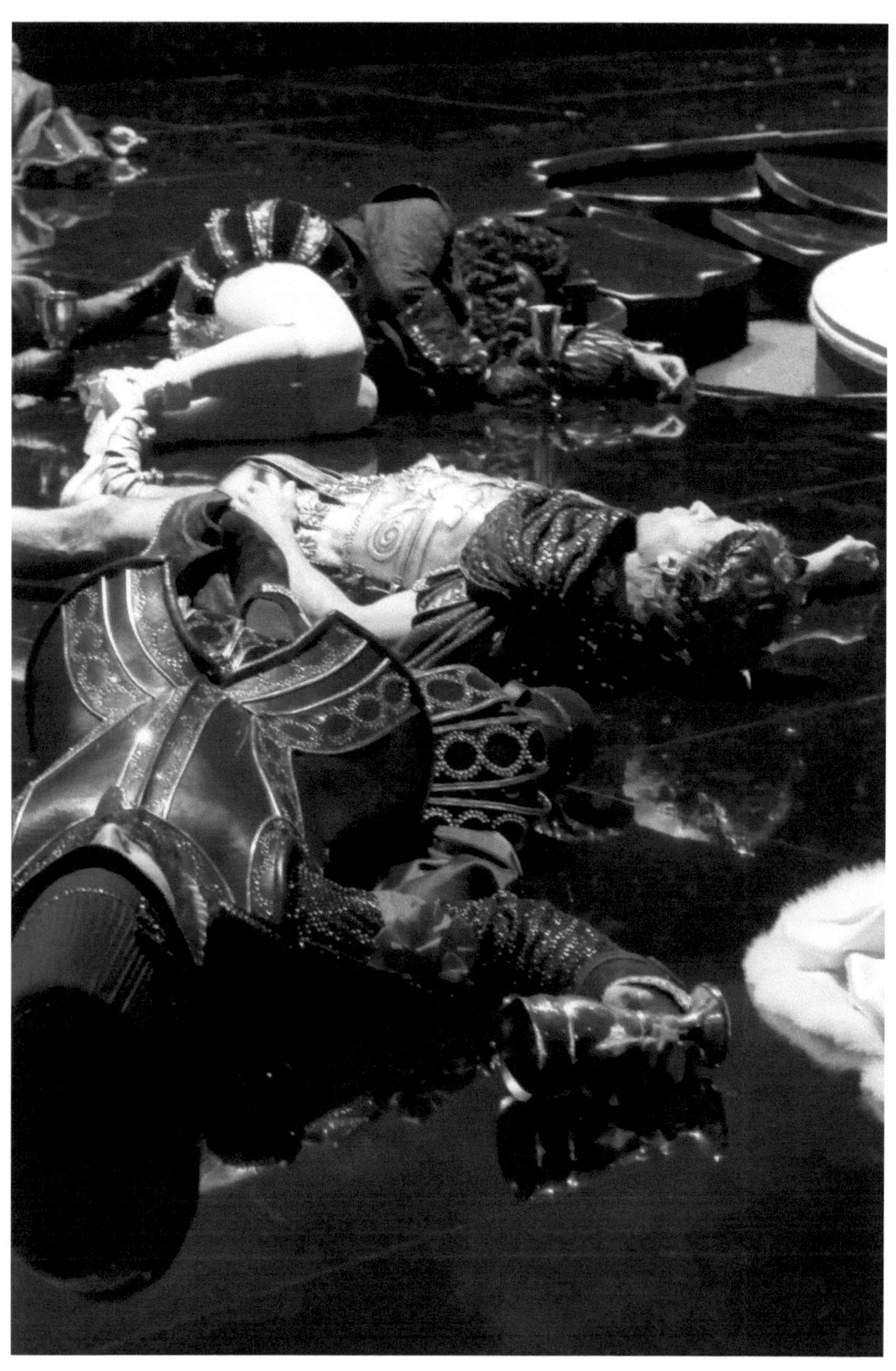

Zoro
(Originalschreibweise der Auftraggeberin)

Schon immer hatten Träume sein Leben beherrscht.

Der Traum von Frieden und Gerechtigkeit.

Der Traum von Reichtum und Schönheit.

Der Traum von Gleichberechtigung und Freiheit.

Der Traum von Partnerschaft und Ehrlichkeit.

Der Traum von Mut und Treue.

Der Traum vom Fliegen.

Der Traum von Kraft und Stärke.

Der Traum von roten Sonnennächten und silbernen Mondtagen.

Der Traum von Winterhitze und Sommerschnee.

Der Traum vom Regenbogentanz.

Der Traum von Liebe.

Und deshalb hatte er eines Tages den großen schwarzen Umhang angelegt, um sie alle einzufangen.

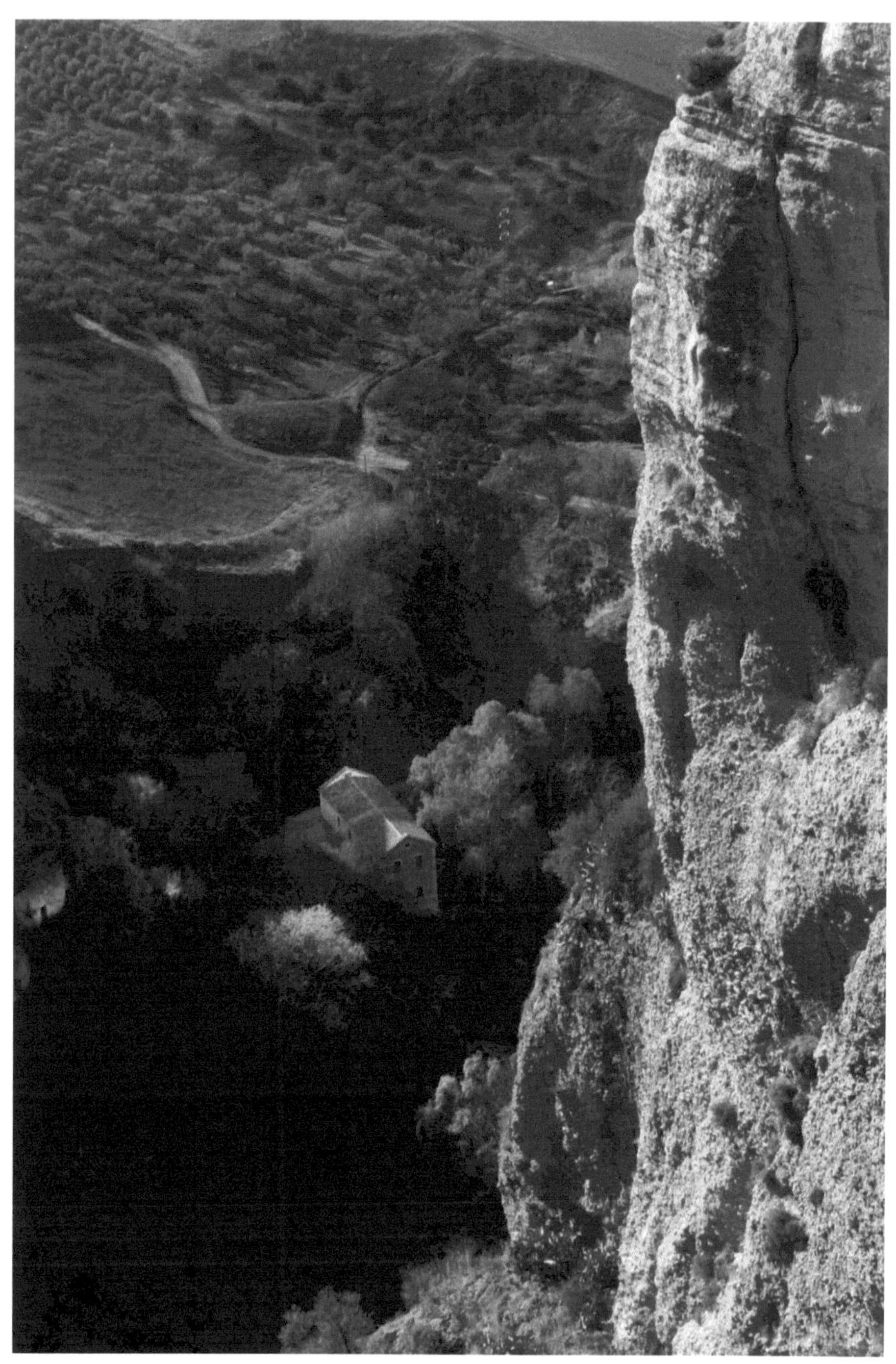

Zwerg

Anfangs hatten alle über ihn gelacht, später hofierten sie ihn.

Das geschah so plötzlich und überraschend, wie der Umstand, dass er in der winzigen Höhle glitzernde Steine gefunden hatte, die er verschenken wollte.

Bevor es dazu kam, hatten viele ihm viel Geld geboten, und er nahm es.

Damit würde sein Leben ziemlich bequem werden.

Niemand konnte in die kleine Höhle gelangen und die Steine ans Licht bringen, bis sie versuchten, ihm mit Maschinen zu folgen.

Dabei wurde er erdrückt.

Jetzt trauern sie um ihn und weinen um die verlorenen Steine.

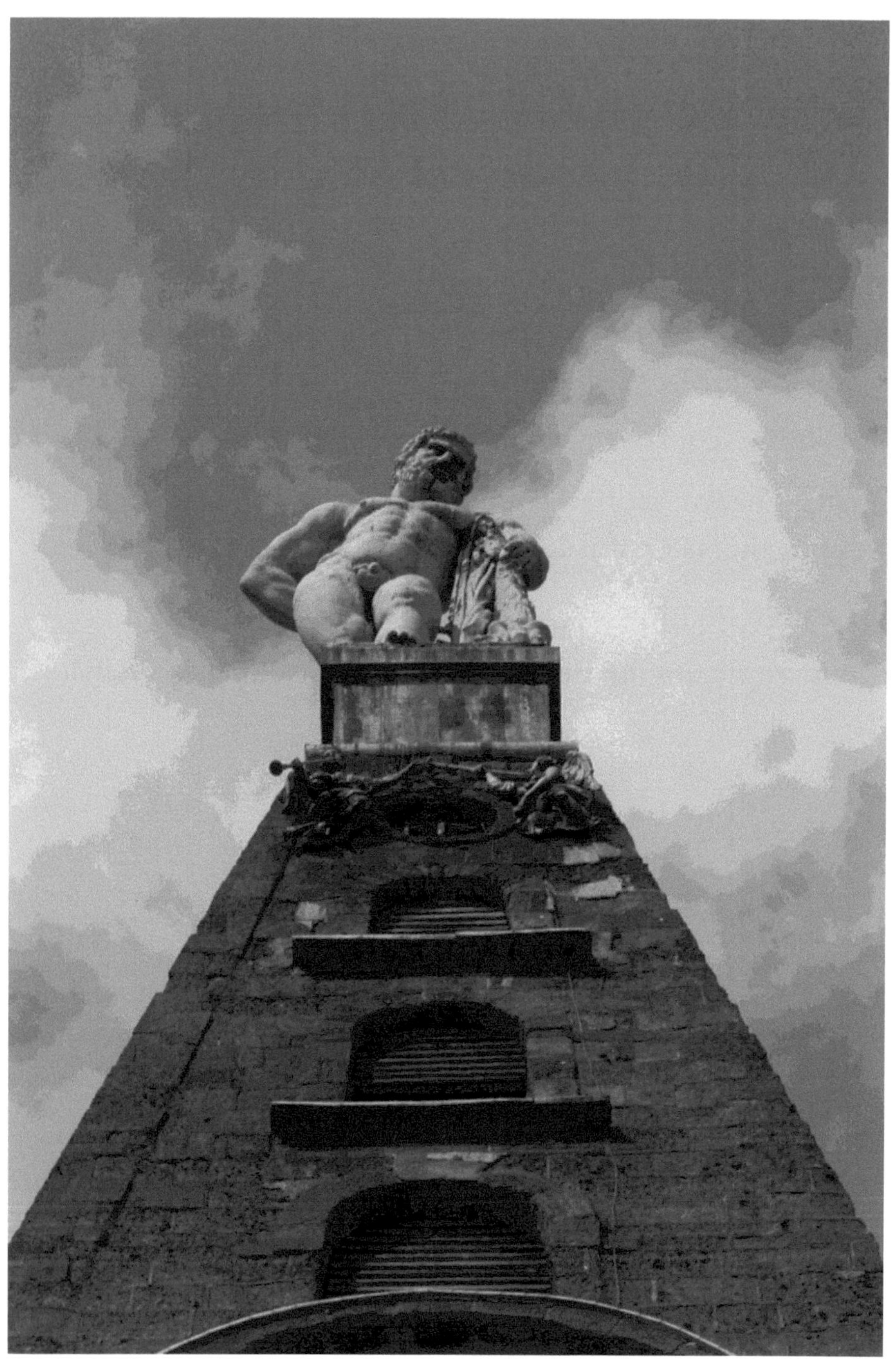

Hilfsworte

Brücken

    in anderen Welten suchen.

Wertvolles

    fest vertäuen.

Kontraste

    als Erweiterung begreifen.

Bewegung

    als Ruhe erfahren.

Veränderungen

    als neue Einblicke erleben.

Die Kraft der Gefühle

    über die gefühlte Kraft stellen.

Oasen der Stille

    erkennen, wenn man sie betritt.

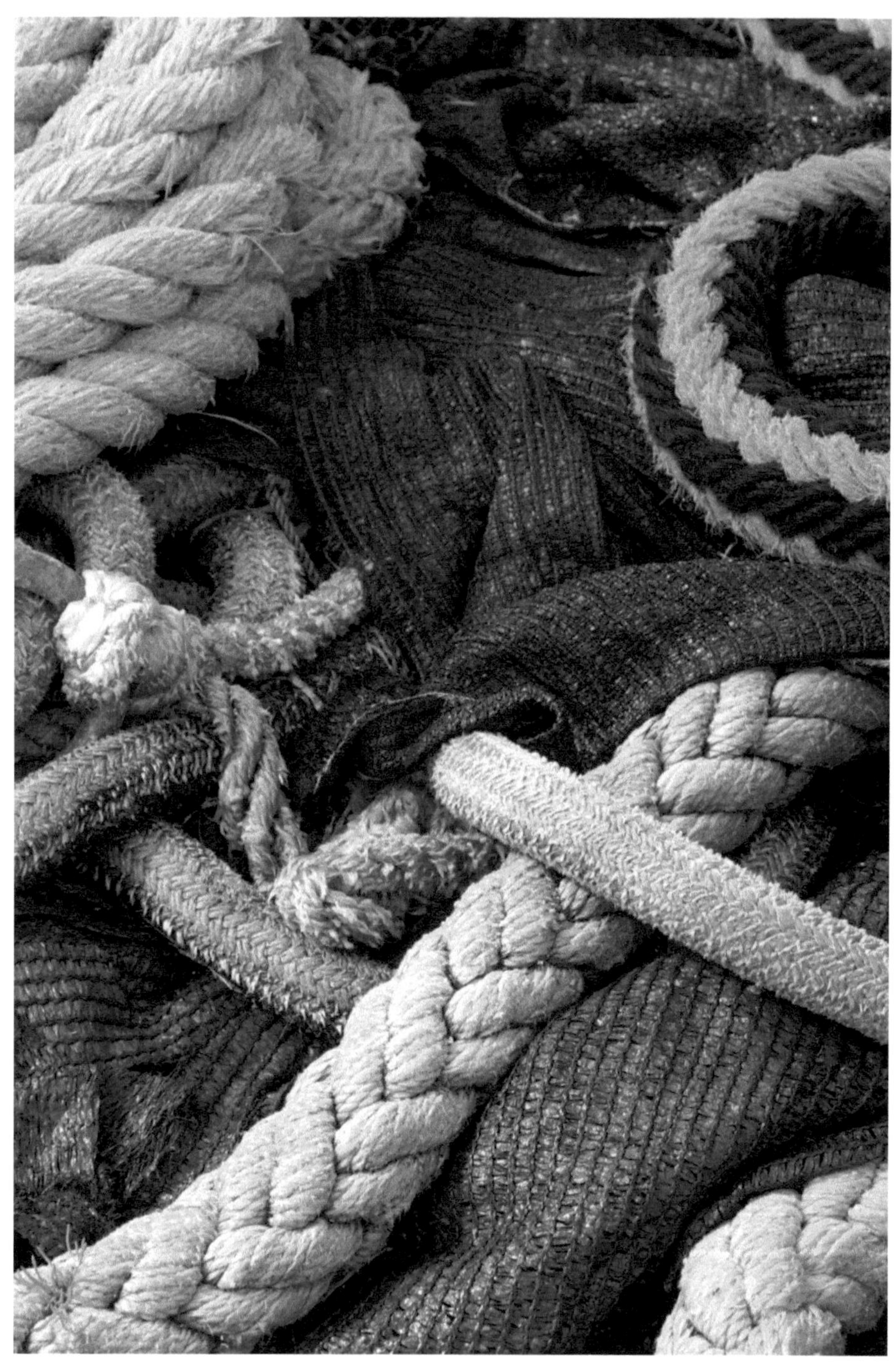

Liebe

    als Freundschaft erkennen.

Die Ruhe vor dem Sturm

    ist die stillste.

Was nicht zu überqueren ist,

    muss unterfahren werden.

Im Näherkommen

    schwindet die Überwältigung.

Zwar haben wir das Auto,

    aber noch kein Mittel dagegen.

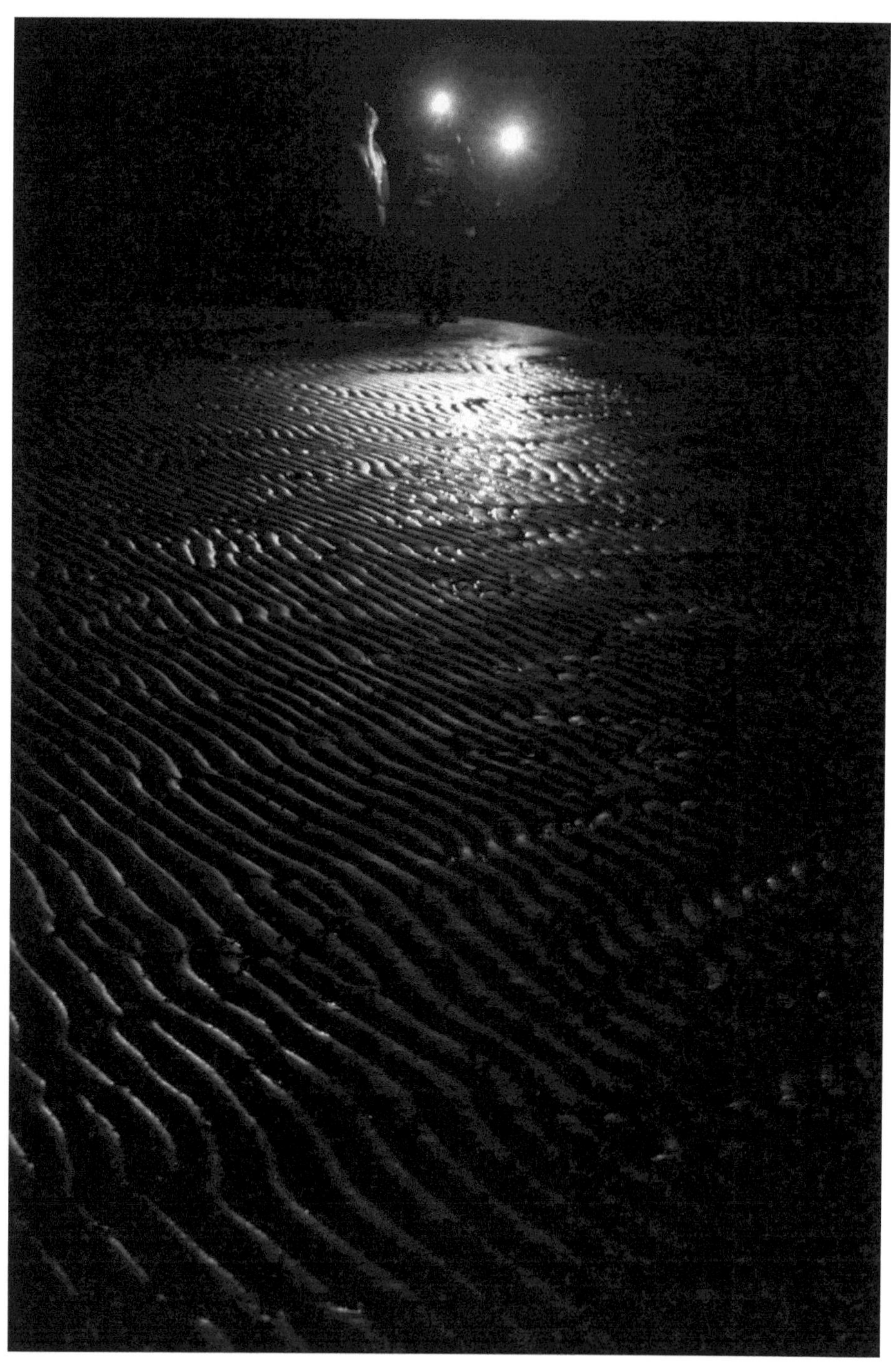

Basaltsee

Eine lange und tiefe Nacht beginnt, ihrer selbst noch nicht einmal ganz bewusst, sich auszuziehen, nackt alles preiszugeben, was sie sonst verbirgt. So dringt das Licht in ein Nichts, gebiert zu völlig ungewohnter Zeit völlig ungewohnten Lebensraum, der bestens dazu geeignet scheint, Sterbenden zu einem schnellen Tode zu verhelfen.

Im Dunkel, geschützt durch die Unsichtbarkeit, die Anonymität, leben Gestein, Erde und Wasser im Taumel steter Vereinigung, vermögen sich nicht zu trennen aus der lustvoll vereinten Tändelei mit Unbekanntem. Der scharf geschliffene Stahl des Lichtes spaltet das Farblose, zerteilt den Kamm dräuender Finsternis und versenkt entstehende Hälften hinter neu geschaffenen Steinhügeln. Im klirrenden Erschrecken trennen sich Gestein und Erde, Erde und Wasser, Wasser und Gestein. Nur heimliche Berührungspunkte an den Fingernagelspitzen bilden letzte Intimität.

Im Tal der Gefühle brütet der Basaltsee, stets bemüht, keiner Regung mächtig zu sein, um nicht die Aufmerksamkeit vorbeischwebender Gedanken auf sich zu ziehen. Er gibt sich gelassen bei persönlichen Angriffen, erinnert sich, dass er zuerst da war, und baut um sich einen Mythos der Unverletzlichkeit auf, der hinreichend seine schon vorhandene Arroganz nährt. Glücklich schätzend türmt er nahe seiner Mitte die höchste Stelle, die um viele Gedanken höher liegt als das ihn umgebende Ufer und, unter ihrer Schutzschicht beherbergt er die kostbarsten Blätter, die je im Herbst seinen stumpfen Spiegel berührten. Erschrockene Erstarrung verleiht ihm die Form einer siebenfingrigen Hand, an deren Fingern jeweils sieben und an diesen wieder jeweils sieben Finger anwachsen · und dies siebenmal.

Es gibt trotzdem keinen Gedanken an eine mögliche Falschheit, an Betrug oder eine andere Unlauterkeit, die vielleicht durch nicht vorliegende Übersicht erwogen werden könnte. Er drängt auf diese Art aber unaufhaltsam, weitflächig ausladend wie das Gerippe eines überdimensionalen Fächers in das Tal, überzieht die Gefühlsgründe mit seiner harten Materie und unterbindet allzu große Anhäufungen oder Auswüchse, bedingt durch die nicht zu bändigende Leidenschaft des Untergrundes.

Der immerwährende Versuch des Ufers, höher zu liegen als der See, führt gelegentlich an weit außen befindlichen Stellen zu einer scheinbaren Versandung, zu einem Sieg des Tales. Solcher Triumph entbehrt jeglichen Bestandes, denn beim alljährlichen Ansteigen des Seespiegels erobern die Basaltheere zurück, was das Tal ihnen kurzfristig entreißen konnte. Sie schieben dabei nicht die Last von ihren starren Fingern, sondern überdecken erneut hart und schwer, zermalmen alles zwischen gestern und heute und belasten mehr als zuvor das unter ihnen Liegende.

So vollführt sich ein unaufhaltsamer, tragischer Aufbau der Kälte, der stummen Brutalität, einzigartig widerstandsfähig und unverletzlich, lediglich periodisch unzufrieden ob der Unbeweglichkeit. Die Ausweitung des Basaltsees vollzieht sich in der Höhe und verleiht ihm durch diese Gewichtszunahme die Macht, das direkt unter ihm Liegende zu erdrücken, zuckend verenden zu lassen. Die Schächte, Kanäle zwischen den unzähligen Fingern geben gruftgleich immer wenigeren der zahllosen kleinen Gefühle die Chance des Aufwallens, versenken sie in ein Schattendasein, nur unterbrochen von Augenblicken gleißenden Sonnenlebens. Die Macht der starren Materie endet an der Grenze des Tales, an den Linien, auf denen die steilen Wände aufsetzen und dem Tal erst die Berechtigung zusprechen, sich als solches zu bezeichnen.

Weder Eingang noch Ausgang bieten einen angenehmen, für alles und jeden überwindbaren Weg ins Tal oder aus ihm hinaus. Der Eintritt erfolgt unter tosendem Donnern, zersplitterndem Brechen über die Kante der Hochebene, in die nicht abzuschätzende, nie enden wollende Tiefe, und das Verlassen gleicht einem Weg ohne Anfang und Ende, der lediglich durch Geburt und Sterben begrenzt wird.

Trotz der vorliegenden, augenscheinlich enorm ungleichen Verteilung der Siegeschancen treten die Gefühle in konstantem Kampf, in unblutigem Aufbegehren gegen das Ist an, fallen verletzt zurück, sinken zerschmettert auf einen Basaltflecken, trocknen aus, werden überlagert, ersticken ohne Nahrung, vermählen sich zum Spott aller gegenstrebenden Kräfte in ihren Höhlen, Kanälen mit ihresgleichen. Die Möglichkeit eines Sieges nie aus den Augen lassend labt sich das Dasein an der Hoffnung, über das Tal hinaus die Freiheit zu verbreiten, diese vielleicht erst aufzubauen, um in der selbst geschaffenen Ordnung ein Leben zu führen, dessen Wörterbuch die Bezeichnung „Bestätigung" als "überflüssiges, krankhaftes Gesellschaftsgeschwür" definiert, da durch die ausschließliche, lautere Schönheit eine allgegenwärtige Bestätigung Bestehendes überlagert mit wärmendem, nährendem Schutz.

Beste Voraussetzungen für eine Flucht bietet nur selten der unberechenbare, wildschleudernde Sturm, dessen Nahen, dessen Richtung, dessen Aufwallen dem Basaltsee unverständliches Lauern entlockt, der die Gefühle peitscht, ihnen Kraft gibt, sich aufzurichten, gegen das kalte Schwarz aufzulehnen, an ihm hochzukriechen, mit triumphierendem Lachen auf den Lippen auf seinem Rücken zu tanzen und im Taumel der Stärke bis zu den Steilwänden zu schweben. Reichen Kraft und Entschlossenheit, so beginnt der zehrende, entbehrliche, manchmal einem Martyrium gleichende Aufstieg, dessen erfolgreicher Abschluss ohne jegliche Vorhersehung positiver Art freischwebend die

Flüchtigen begleitet. Verlässt die Kraft die Aufgewühlten, wandelt sich Entschlossenheit in Verzagen, beendet ein Sturz den kurzen Zeitraum auf dem Weg in die Gegend des Wörterbuches ohne „Bestätigung" und die Rückkehr teilt den Rückweg. Manche legen sich auf den Basaltsee, ohne Wollen, miterstarrend dessen Druck verstärkend. Andere gesellen sich zu den Zurückgebliebenen oder schon einmal Zurückgekehrten, auf neue Stürme wartend in zunächst traurigdumpfer, dann immer lichter werdender Erwartung und teilweise in der verlogenen Hoffnung, dass sich das ferne Ziel ihnen einmal ohne ihr Zutun nähern könnte. Irgendwann schmiegen sich diese vergebens Hoffenden innig dicht an die Ufergrenze des Basaltsees, bis sie in einem unbedachten Augenblick die Farbe ändern und eins werden mit ihm.

Granitfluss

Nahrung gibt dem See ein Granitfluss, der den Alltag über die steile Wand des Tales schleudert, abbröckelnd, in kantigen Brocken die Last zu Tale wirft und durch partielle Staubentwicklung herumfliegende Gedanken trübt. Gierig raffend fressen die schwarzen Wogen große und kleine, weiche und steinige Stücke, freuen sich ob der Verdauungsschwierigkeiten und lasten den Einwohnern der Kanäle und Nischen an, zu wenig zur Beseitigung der Probleme nach ihrer Nahrungsaufnahme zu unternehmen. Die Beschuldigung übernimmt gleichzeitig eine Alibifunktion für Tötungsversuche des Basaltsees an allem, nicht ihm eigenem. Manchmal bröckelt die schwarze Masse, birst, schleudert zersplitternd erdrückende Macht in die nicht von ihr beherrschten Zwischenräume., Angst treibt deren Inhalt empor, überschlagend bricht er zusammen, zäh, schwerverletzt ohne zu Winseln, gedenkt er des Hasses, der ihm nachstellt, der nur deshalb so groß und vernichtend wütet, weil er entsteht aus der nicht vorhandenen Fähigkeit, einem Irgendetwas lautere Schönheit zuzubilligen.

Einzig der Steilwand gewährt das dunkle, harte Monstrum ein Leben neben sich, allein bedingt durch die Tatsache, dass ein gegenseitiges Brauchen vorliegt, ausgerichtet auf Wachsen und Emporsteigen; haltsuchendes Ausweiten, um die Möglichkeit nicht zu verlieren, denen zu folgen, die es schafften, die Kante des Hochplateaus zu erklimmen, um sie neu zu belasten, zu unterdrücken. Drängend zum oberen Rand hin frisst Vernunft auch Unvernünftiges, krümmt sich und hofft, selbst dadurch zu gedeihen, ein den Gefühlen vorzuziehender Partner zu sein. Immer tiefer werdende Kanäle gewähren den darin lebenden Emotionen immer weniger Tage des freudigen Sonnenlichts, leiten sie in ein fortwährendes Schattendasein, dessen Höhepunkte in farblosem Dunkel gipfelt.

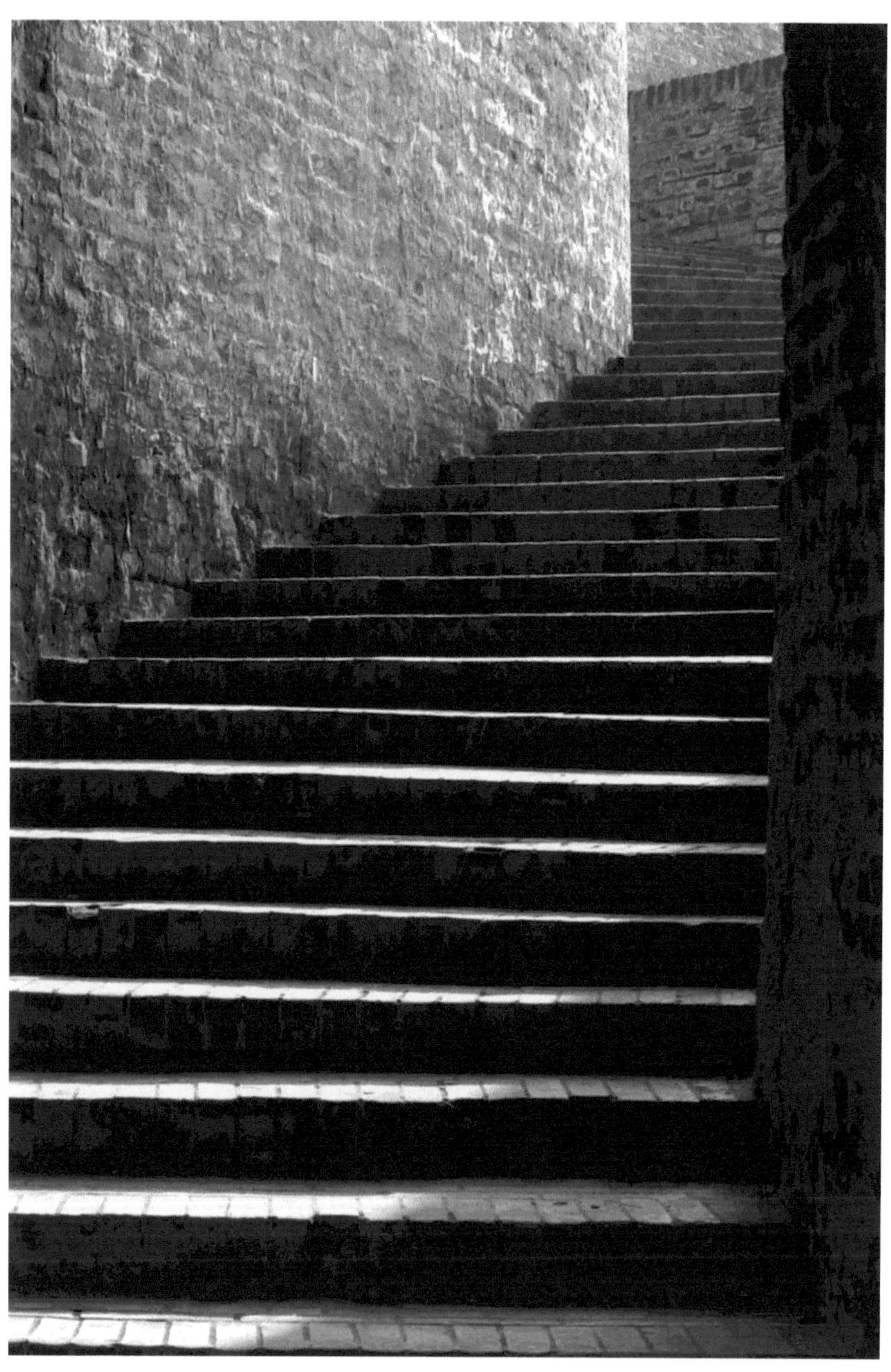

Mit bloßen Augen lassen sich nicht einmal aus geringer Entfernung die Unterschiede erkennen, und niemand hört die Verdunkelten schreien, sieht sie sich wehren gegen die optische Gleichmacherei.

Aggressive Unsicherheit springt das Gefühl an, wie ein waidwundes Tier in blinder Torheit sich selbst zu zerstören sucht, ohne die hilfreiche Hand, die sich zögernd nur in die Nähe des beißenden Atems wagt und bei nicht eindeutiger, offener Haltung als erneute Gefahr der Verletzung interpretiert wird.

Es steht zu befürchten, dass die Quelle, aus der irgendwo der Granitfluss sein Leben beginnt, in Verbindung zum Basaltsee steht und damit beide Systeme alles Andersdenkende und -handelnde umkreisen. Unbekannte Schwingungen füllen den Raum, lassen Gedachtes rot und grün leuchten, bringen Gedanken zum Singen und registrieren in peinlicher Genauigkeit alles nicht Genormte, verfolgen mit listigem Argwohn alle Bemühungen, irgendwo Deformierte sich zusammenzufinden.

An hell gleißenden Ufern konzentrieren sich Willensflecken und Gedankenspeichel, werden angezogen vom feurigen Stein des Granitflusses, folgen dem Lockruf aus dem Irgendwo und lösen sich in den eilenden Fluten sekundenschnell zur Nichtigkeit. Auf langem Weg, überspannt von zahlreichen Versuchen, das rettende Ufer zu erreichen, trübt sich das frische Gelb zu Grau, letztlich zu tiefem Schwarz, beherbergt allen Willen und alle gedachten Gedanken, schäumt nach steilem Fall in den Basaltsee, wo es zur Hilflosigkeit erstarrt, eifrig dienend, dem schwarzen Moloch Nahrung zu sein.

Entlang des Flusses, besonders in unterhöhlten, nicht einsehbaren Räumen, kümmern ewig Hoffende ihrem Erstickungstod entgegen, halten vereinzelt Mutige eine Friedensfahne in die Höhe - wechseln sich dabei mit den Feigen ab, werden ein Team, das nur jeweils durch den anderen lebensfähig bleibt. Ständig versuchen sie, Nichtsein zu verdrängen und Leer weiter Mut zum Leben zu geben.

Fließendes Immerwähren zerrt an Anfang und Ende, nimmt der Zukunft rosa Visionen, reduziert Sein auf Augenblicke, deren Kürze betroffen macht.

Professionelle Gefühlsfänger bieten inhaltslose Emotionshäute zu überhöhten Preisen den Gierenden. Die, welche aus unerklärlichem Licht, möglicherweise ihrem eigenen, unbewusste Energiefeuer, Gefühle wachsen lassen, erhöhen die Zahl der Lidschläge, der Lebensaugenblicke um ein Vielfaches. Die eilende Hilflosigkeit in der sie mitschwimmen, wird tragender Balsam. Die Betrogenen, sich Betrügenden, häufen Emotionshäute in Verzweiflungstaten zu Erstickungsbergen und wundern sich, dass sich ihr Lebenslidschlag auf einen Minimalspalt reduziert, durch den sie gerade noch am Ende die Sinnlosigkeit ihres Tuns erkennen können.

Bäume, Brückenpfeiler, Rotlicht spiegeln sich im Fluss.

Von unbekannter Ferne her leuchtet ein Rot, das den Fluss zeitweilig in ein trügerisches Licht taucht und ihm verlockende Goldränder verleiht, die einen Ansturm von Haltlosen auslösen und unter der Masse der überschwappenden Gier in tiefe Schatten getaucht werden. Geblendet von der Idee des immerwährenden Reichtums, der sich in den Gehirnen der Haltlosen in Augenblicksgeschwindigkeit manifestiert, erkennen sie das neue Dunkel nicht. Wilde Geschäftigkeit wird zum Selbstzweck ohne Berechtigung, verfestigt die Goldtaumelnden, läßt sie letztlich in Nadesltreifenfetzen erstarren. Abhandengekommene Sinngehalte schweben alleingelassen über den Granitfluß und lauschen dem Geflüster der Emotionshäutesammler ohne neue Geborgeheit zu finden. Dabei entwickelt sich eine hohle Wichtigkeit, die von den toten Dingen ausgeht. Spottgelächter, plätschert aus giftigen Lichtschlangen, Nacht herrscht endlos und nur der künstliche Tag erhält Gültigkeit. Sonnenweiße wird zum Ärgernis, weil kein Schalter Steuerbarkeit gestattet. Geleugnet werden Morgen und Abend, Tag wird an Nacht angeglichen. Ebenso Winter und Sommer an Frühling und Herbst.

Zonen der Gier liegen dicht gedrängt zwischen Zonen der Einsamkeit und des Hasses.

Sonnenfeuer trocknet Hoffnung aus, erleuchtet Nichtigkeiten, drängt Hoffnungsträume in den Bereich der Käuflichkeit.

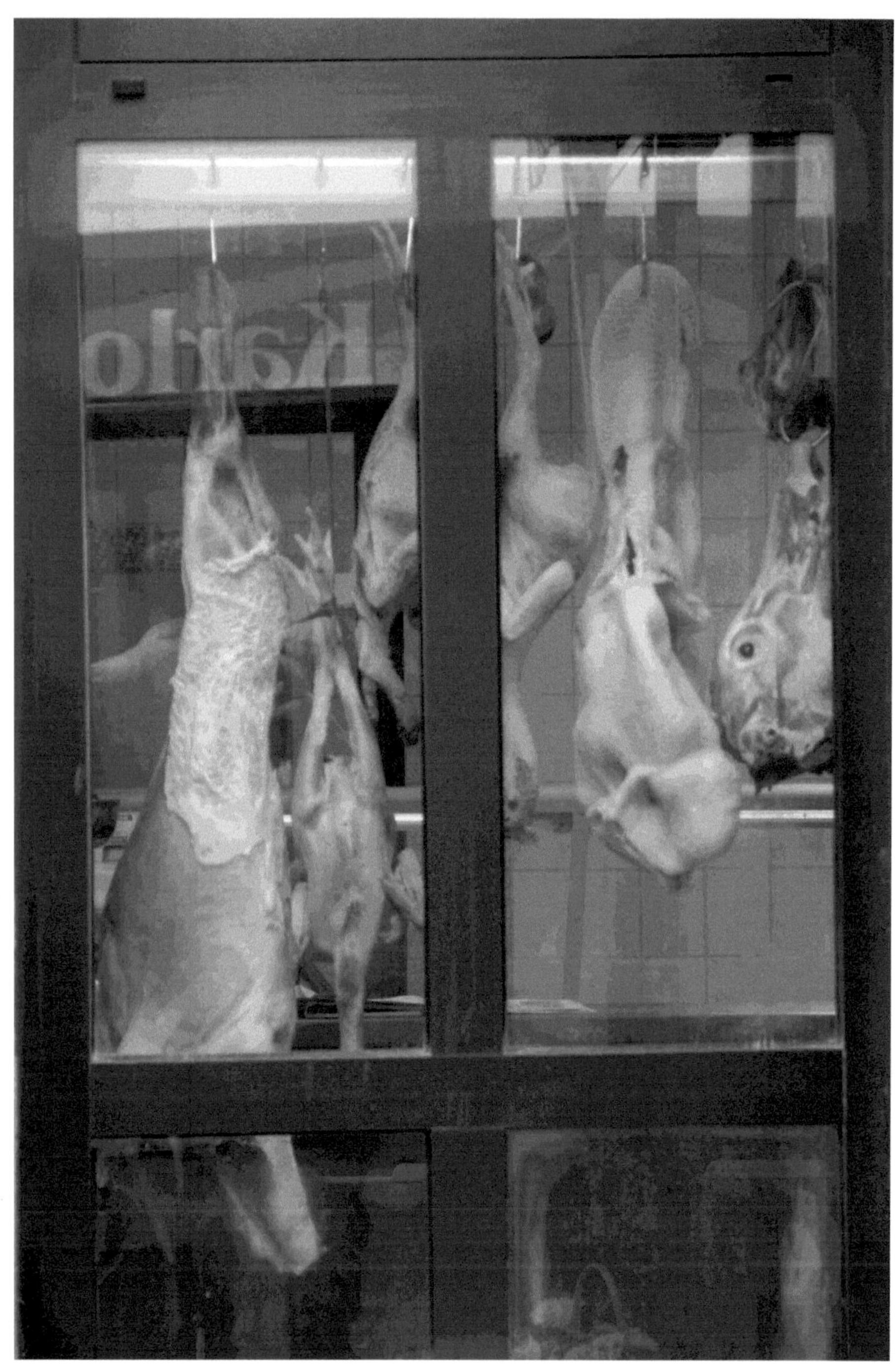

Ufer

Ein Lachen verbreitet sich fruchtbar über den Ufern.

Und zwischen Gestern und Vergangenem liegt die Leidenschaft, die in der Asche sich bewahrte, um dem Werden die Flügel der Hoffnung zu verleihen. Der scheinbare Sturz, Loslösen aus dem sicheren Schoß, bedeutet nicht endgültiges Auflösen. Verblassen, kein Zeichen der Kraftlosigkeit, signalisiert den Antritt der Ruhe, neigt das Haupt vor der Nacht, die da zu kommen scheint. Eingebettet im wärmenden Kleid des Minimalaufwandes ruht die gebändigte Kraft ihrer Auferstehung entgegen. Das Morgengrauen der ersten Sonnen zeichnet die Form für das Heutige. Die Sanftmut des Mondlichts, kraftverströmend fließt sie über harte Kanten.

Nachwort
Lebenslidschläge oder Von der Weite des Augenblicks

Ein Spaziergang im Zuschauerraum

(Nachwort des kindlichen Auftraggebers)

von Marion Vera Forster

Wer *Geschichten zum Zuschauen* schreibt, betont den besonderen Blick. Als Leser tut man gut daran, sich darauf einzustellen. Vergebens wartet man sonst in den Texten auf die Hilfestellung eines mehr oder weniger deutlich durch die Stoffbahnen des Beschriebenen durchscheinenden Erzählers, der einen an der Hand nimmt und von links nach rechts und von oben nach unten im Rhythmus der Erzählzeit durch die Wendungen von Begebenheiten führt, oder auf die Positionslichter eines lyrischen Ichs, anhand derer man die Koordinaten der eigenen Wahrnehmung versuchsweise ausrichten kann. Die Erfahrung, zu der man als Leser von einem Text eingeladen wird, unterscheidet sich in der Art der Wahrnehmung grundsätzlich von dem Erlebnis, zu dem man sich als Zuschauer erst selbst ermächtigen muss. Wie aber soll das gehen, lesend Zuschauer sein?

Der Umstand, dass der Autor dieser durch und durch heterogenen und sich doch in vielfachen Überblendungen um einen roten Faden drehenden Sammlung von *Gedanken, Gedichten und Kurzgeschichten* zu den renommiertesten Bühnenfotografen der Gegenwart zählt und sich selbst, wenn er in Interviews nach einem Oberbegriff für das unablässig zwischen Kunst und Dokumentation vermittelnde Spektrum seines gestalterischen Schaffens gefragt wird, am liebsten „Bildermacher" nennt, mag in diesem Zusammenhang zunächst vielleicht nur wie eine nette Hintergrundinformation erscheinen, wie man sie eben gern in Nachworte einflicht, um den vielbeschworenen Vorhang zwischen Künstler und Werk fürs Publikum etwas zu lüpfen; auf den zweiten Blick zeigt sich darin der entscheidende Hinweis. Der ursprünglichen Wortbedeutung gemäß handelt es sich bei einem Fotografen um jemanden, der aus Licht Bilder schreibt. Für das tatsächlich Geschriebene ist das wesentlich. Und wer Lust hat, in dieser Richtung weiterzudenken, wird die Lektüre mit anderen Augen angehen.

In den *Geschichten zum Zuschauen* wird nicht im eigentlichen Sinne erzählt, also eine mehr oder weniger linear verknüpfte Entwicklung mittels eines strategisch positionierten Instrumentariums aus Perspektive, Haltung und Stil vermittelt, sondern es wird etwas beschworen, etwas, das man wie ein bewegtes Bild betreten sollte und am ehesten mit Landschaften vergleichen kann. Darin gilt es, selbst Blickwinkel einzunehmen, eine eigene Position, dann leicht hin und her zu wippen, mit den Distanzen zu spielen. Die drei diesen Band abschließenden Texte (*Basaltsee*, *Granitfluss*, *Ufer* – einer größeren Sammlung verwandter Schriften entnommen und hier erstmals publiziert) laden am augenscheinlichsten ein zu dieser Lesart, sind es doch keine Landschaftsbeschreibungen, sondern geschriebene Landschaften in dem Sinne, dass der Text, dies eigentümliche, nach Regeln wilde Gewebe, selbst die Landschaft ist, die man wörtlich durchwandert. Und wie der eigene Blick beim Durchstreifen eines Landstrichs den Bewegungen des eigenen Kopfs gemäß Bilder aufnimmt, so kann man sich beim Lesen nach eigenen Vorlieben in dieser Landschaft bewegen. Wo man Halt machen will, welche Formation, welche Wendung einem liegt, welche Zeichen hervorzuheben sind, hat man für sich zu entscheiden. Denn anders als beim Verfolgen eines Erzählstrangs gilt es, selbst den Fokus einstellen, um die Geschichte zu sehen, die einem so gezeigt wird. Wer liest, taucht ein in den Erzählfluss, zieht seine Bahnen im Zeitmaß der Handlung; wer zuschaut, steht auf der Brücke seiner eigenen Zeit am Rande des Geschehens, wird selbst zur erzählenden Instanz. Nicht selten sind es die Details am Wegesrand, über die man nicht hinweggehen sollte. Und seien es auch „nur heimliche Berührungspunkte an den Fingernagelspitzen" (*Basaltsee*, S.119), die einen plötzlich ganz klar ins Bild und mit neuen Welten in Verbindung setzen.

So funktionieren Karl Forsters Texte wie organische Bühnen. Sie breiten sich vor einem aus wie sedimentierte Szenarien – voller Spuren von Leben und Menschsein. Als Leser wünscht man ihnen eigensinnige Spaziergänger im Zuschauerraum.

Unterwegs (auf einem „Weg ohne Anfang und Ende, der lediglich durch Geburt und Sterben begrenzt wird." (*Basaltsee*, S.121)) ist die Gangart, in der das Spannungsfeld aller hier versammelten Texte zwischen „fließende[m] Immerwähren" (*Granitfluss*, S. 126) und der Herzfrequenz der „Lebenslidschläge" („Augenblicke, deren Kürze betroffen macht" *Granitfluss*, (S.126) bestellt wird. Von handelnden Figuren? Letztere gibt es, oder besser gesagt, sie formieren sich. Als Fremdkörper. Als Wesen von Städten und Elementen. Als Relikte. Als Spiegelbilder auf der Oberfläche des „im Tal der Gefühle" so rätselhaft brütenden Basaltsees („stets bemüht, keiner Regung mächtig zu sein, um nicht die Aufmerksamkeit vorbeischwebender Gedanken auf sich zu ziehen", (S.119). Als chromatische Zustände eines Spektrums zwischen dem „unendlich traurig" des niemals Wasser unter dem Kiel spürenden Schiffsrumpfs (S.13) aus der ersten Geschichte und dem fruchtbaren Lachen (S.129) am *Ufer* der letzten Dinge. Als in Alltagsarrangements transzendentales Obdach aufschlagende Zeugen eines grundsätzlichen Scheiterns undefinierbarer Hoffnungen. Als

„Emotionshäute" (S.91) im gespenstischen Kasperltheater einer post-apokalyptischen Gegenwart nach dem Kollaps der Menschlichkeit und ihrer Lebensräume. Als Hilfsworte auf einer Stufenleiter in die Gegenrichtung. Als Prinzipien. Als substantiviertes Tun und Lassen, Werden, Empfangen, Vergehen und Schaffen in einer omnipräsenten Rhetorik der Dinge. Als fossile Stimmen in einem Bernstein aus Zuständen; darin das Fragile, durch die opake Schicht oft nur erahnbar. Als Inseln und Bekleidung. Als Männer und Frauen und Namen und Kinder. Als Charaktere von Buchstaben.

Innerlichkeit und Außenwelt lassen sich in der Vorstellung ihrer fortdauernden Bewegung nicht auseinanderhalten, wie Tag und Nacht (wie *Der Fels – Die See*), wie Umstand und Bewußtsein, Vergangenheit und Zukunft, Anziehung und Abstoßung finden sie in unserer Wahrnehmung statt, indem sie einander ausschließen, sich zugleich bedingend, als untrennbares, unvereinbares Gegensatzpaar. Es lässt sich selten eindeutig sagen, auf welcher Seite dieser im Text meistens im Zwiespalt zwischen Kontrasten berserkernden Equilibristik jeweils der Schwerpunkt zu vermuten ist – man fürchtet nur, dass die Balance kippt, und ist bewegt – oder woher die deutliche Stimme, die man gleichwohl klar vernimmt, so persönlich zu einem spricht – man wünscht sich nur, dass sie nicht verstummt, und ist berührt.

Gesprochen wird immer gegenständlich, und immer bildlich – und immer schwingen im übertragenen Sinn die Grundlagen des Lebens mit.

„Eigentlich bin ich..." So gibt *das traurige Schiff* den Grundton vor. In diesen drei Worten liegt bereits die ganze Geschichte eines unerträglichen, im Gleichmut der ruhigen Stimme ausgehaltenen Geheimniseins. Es ist die Geschichte einer Bestimmung – und der widrigen Umstände, die diese zum Mangel machen in dem Milieu, in dem sie sich ereignet. Der befremdlich in die idyllische Wiesenlandschaft ragende Rumpf, verwaistes Mahnmal alles Unfertigen, ist für ein Meer gebaut, das sich nie erfüllen wird. „Das macht mich unendlich traurig" – sagt das Schiff, denkt man lesend, überrascht, dass es schon dasteht, man stolpert über die Zeile, während sie sich in einem selbst gerade formuliert. Das Bewusstsein, das sprechende Wesen des Dings, ist das Befremdliche in diesem Text, das Unerhörte, und das ist es, was unbedingt aufhorchen lässt. Es spricht das Ding mit der Stimme eines Menschen, der weiß, was es heißt, wenn sich jemand nicht in seinem Element bewegt (was immer dieses sei). Und es spiegelt im bildlichen Widerspruch des unvollendeten Wracks den Menschen selbst – als fortwährend unfertiges Vehikel der eigenen Bestimmung. Ungewiss bleibt, was mit dem Schiff geschieht, das Ende, wie es zu erwarten ist, findet im Text nicht statt. Die unendliche Traurigkeit der unfertigen Dinge angesichts der Umstände menschlichen Unvermögens aber ist für immer aufgehoben (Und sei es im korrespondierenden Bild eines losen Endes im Sand.) In den notdürftigen Wellen der Zeilen immerhin erscheint das traurige Schiff fertiggebaut.

Wie in einer Doppelfigur aus lachender und weinender Maske gehören dieser erste, die Sammlung eröffnende Text und die kleine Geschichte von der *Birke auf dem Telegrafenmast* zusammen. Wieder beginnt es mit einer grundlegenden Frage („Wie ich dorthin gekommen bin, wo ich jetzt bin?", (S.17), wieder passt etwas nicht ins Bild, und wieder zeigt sich in direkter Rede nur die Stimme der Dinge dem (nun schon vage im Fragezeichen als Ansprechpartner vorweggenommenen) Zuschauer. Menschen bleiben eher ungenau, sprechen in Drähten, schaukeln in Seilen. Ein Unverwandtes nimmt wahr. Unbeteiligt, gelassen ob des kuriosen Hin- und hergeschoben-Werdens, angesichts seines grundsätzlichen Ausgesetztseins in dieser Welt. Es ist eine erfrischend existentialistische Birke, die einem in diesem Text als Auswuchs des zwischen Masten und Kabeln verspannten menschlichen Gefühlsgeräuschs begegnet, ihres eigenen Geworfenseins („von einem Vogel hingeschissen", (S.17) und des absehbaren Endes mit geradezu fröhlicher Gegenwärtigkeit bewusst. Ihre Nahrung liegt im Momentanen, und sie weiß, was einen über die schreckliche Begrenztheit des eigenen Daseins hinwegkommen lässt. Zum ersten Mal klingt es hier an als Motiv, flattert auf über den Verhältnissen: das Lachen, das Nabokov in *Ultima Thule* einen „Papagei der Wahrheit" nennt, „den es in unsere Welt verschlagen hat", das Lachen des kleinen Mädchens, das zwischen den Zeilen schaukelt.

Wer es vermag, wirklich zuzuschauen, dem werden die Dinge Ereignis. In den Bildern, die Karl Forster schreibt, gilt das für Naturphänomene (wie im Tanz von Kraft von Fels und See, in dem nach diesen beiden Protagonisten, eher Prinzipien, betitelten gewaltigen Duett) ebenso wie für Städte (so wird im Gedicht die Stadt, in der Menschen zärtliche Gesten tauschen, selbst zur zärtlichen Stadt) und bis ins kleinste Detail, sogar für die Elemente des Zeichensystems, mittels derer sie ans Licht kommen. *Zwischendurch* ist in dieser Reihe das radikalste Beispiel. In dunkler Vergessenheit, einer Art Nachtseite allen Sprechens (das Tagwerk der Zeichen) werden Worte wesenhafte Vehikel im Element der Bilder, und die Buchstaben sind Charaktere. Es gibt sie, so das tollkühne Gedankenspiel dieser Miniatur, unabhängig von ihrer Aussprache, die sie fesselt. (Man denkt unweigerlich an die magische Dingwelt des Zauberlehrlings.) Sie gehen durch die Menschen durch, „wandern müdgesprochen" (S.15) wieder dorthin, wo keiner sich an sie erinnert, und geben immer nur den einen Sinn; der

Zeiger steht auf das Ende. Silbenwogen, Hebung und Senkung, sind ihr Element. Eine bewegte, belebte Landschaft der Zeichen, gelöst vom Menschen, gelöst von ihrem Nutzen. Ein Toben der Zeichen im Träumen. Im Maschinenraum vor den Geschichten. Man beginnt, das Wort zu wiederholen, sagt es sich wieder und wieder vor, bis alles den überlieferten Sinn verliert und man sich schwindelnd auf den Buchstab stützen muss, um zwischen Leere und Leere tastend den Eigensinn auszumachen. So wird hier Schrift gestellt.

Die Texte in diesem Band brauchen keine Fürsprache. Sie stehen für sich wie die Dinge, die sie animieren. An zwei Stellen allerdings können zwei nachträglich hingetupfte Fußnoten den Spielraum des Spaziergangs gehörig erweitern. In zwei Zyklen nämlich sieht man mehr, wenn man kurz einen Spot auf den Kontext ihrer Entstehung richtet. Gemeint ist der im Gestus eher lyrische Teil mit den Namen im Titel und jene Prosastücke, die als Überschriften Rollenbezeichnungen tragen.

Erstere, nach ihren Widmungsträgern benannte abstrakte Schlaglicht-bilder, entstammen dem Umfeld einer Kooperation mit der Wärme-stube des SKM-Memmingen. Im Zuge des Projekts *WÄRME* schrie-ben regelmäßige Besucher dieser Einrichtung ans Titelthema ange-lehnte Texte zu Fotografien von Karl Forster. Für das Folgeprojekt *WÄRME 2*, aus dem die besagten in diesem Band abgedruckten Texte und Fotos stammen, wurden daraufhin die Seiten gewechselt: Ausge-rüstet mit Einwegkameras sollten nun ihrerseits die in der Wärmestu-be für eine kurze Weile in einer Infrastruktur aus Geborgenheit auf-gehobenen Strauchelnden selbst einfangen, was sie im Alltag aufrich-tet, was sie bewegt, was sie sehen, was sie träumen, und Karl Forster antwortete im Gegenzug darauf mit einem Text. Spätestens an dieser

Stelle vernimmt man aus dem Zwischenraum zwischen den Worten und den Bildern eine das gesamte Buch durchwirkende Einladung zur ausschweifenden Reflexion zwischen überraschenden, manchmal vermeintlich fehlenden, immer den Rahmen der einen wie der anderen Disziplin kunstvoll sprengenden Bezügen.

Besonders deutlich gilt letzteres auch für den zweiten Zyklus, den eine klitzekleine Randbemerkung hier mit einem weiteren Leselicht versehen soll: Bei diesem nach Figuren aus dem Arsenal kindlicher Berufs- und Berufungsvorstellungen (teils auch in entsprechend resoluter Vorschulorthographie) betiteltem Textreigen handelt es sich um eine ursprünglich in die frühen 1980er Jahre zu datierende Auftragsarbeit, die ihren Ausgang in einem von herausfordernder Kindeshand auf Karl Forsters Schreibtisch platzierten Stapel kleiner nun ja Malereien nahm. Der Vater möge, so die Order der damals fünfjährigen Tochter, jeder einzelnen der darin per Buntstift jeweils in einem anders eingefärbten Vorhangspalt aus Kritzikratzi regelrecht auftretenden zweiundzwanzig Figuren eine Geschichte geben. Der Vater tat dies, umgehend. Entstanden ist damals, als Antwort auf die nur bildlich ausdrückbaren Fragen der Fünfjährigen, nicht mehr und nicht weniger als ein Manual: ein mittelalterliches Masken- und Mysterientheaterfigurenkabinett für diese Zeit, das Consommé eines Sittenprortraits wie es Jean de La Bruyères *Les Caractères ou les Mœurs de ce siècle* im späten 17. Jahrhundert waren, ein Brevier fürs Auf-der-Welt-sein, eine Art Erwachsenenbestimmungsbuch für Kinder, im Sinne von: Schaut her, Kinder, das sind die Menschen bis dato, so erscheinen sie mir. Jetzt Ihr! Ein Brevier – wie die *Hilfsworte* ein Handbuch, das man dabeihaben möchte, wenn man die Reise durch die Welt und die Welten angeht.

Mit der Publikation dieser Texte, aufgerundet vier Jahrzehnte nach deren Entstehung, bekommen die Figuren, herausgelöst aus der Entstehungsgeschichte, dem ursprünglichen Zusammenhang der kindlich fragenden Zeichnungen, eine wirkliche Bühne, „vom Gefühl dazugestellt", wie Karl Forster sagt, mit der „Einladung an den Zuschauer – nach dem Grundsatz ‚eins und eins ergibt unendlich (viele Möglichkeiten)' – so frei zu sein, immer auch einem anderen, dem eigenen Weg zu folgen". Die Bilder, erfährt man an dieser Stelle, ohne dass es ausgesprochen sein müsste, wollen niemals Illustration sein und niemals gefällig. Sie ergänzen Text um die Möglichkeit einer stillen, anschaulichen Revolution, wollen aufregen, irritieren, wach machen, aufkratzen, den Spieltrieb kitzeln und die Verantwortung, die das wirkliche Menschsein mit sich bringt, im kleinsten Rahmen zur freudvollsten Übung machen. Es sind eigene „Geschichten zum Zuschauen".

Wenn wir Menschen uns durch unsere Welten bewegen, spazieren wir immer vorbei am Schaufenster einer omnipräsenten Schlachterei (vgl. S. 128). Irgendwo zwischen den Ausläufern des Basaltsees, zwischen der sich unentwegt anpreisenden Käuflichkeit der Emotionshäute und der niemals wirklich auszuhaltenden klaffenden Leere, formieren sich, für jede/n anders, die letzten Dinge. Basalt, Granit, „Gestein, Erde und Wasser" (*Basaltsee*, S. 119) künden sprachlos davon. In Spiegelschrift wird leserlich darin das barocke memento mori; wir vernehmen das Echo: carpe diem!

Nach all dem Gewaltigen, nach *Basaltsee* und *Granitfluss*, nach dem „wildschleudernde[n] Sturm, [...] der die Gefühle peitscht, ihnen Kraft gibt, sich aufzurichten, gegen das kalte Schwarz [...] mit triumphierendem Lachen auf den Lippen [...] zu tanzen [...] im Taumel der

Stärke bis zu den Steilwänden zu schweben“ (*Basaltsee*, S. 121), erreicht dieser Spaziergang, weit abseits der „aggressiven Unsicherheit“ (*Granitfluss*, S. 125), die man wohl unweigerlich an den Tag legt, wenn man das Unwägbare betritt, dieses *Ufer*. *Geträumtes und Träume* liegen hinter einem, und alles ist in Wirklichkeit ein großes Träumen, und man weiß gar nicht, in wessen Traum man da jeweils hineingeraten ist, aber unbedingt will man doch weitergehen darin, und weiter auf diesem schwankenden Grund, und stellt am Ende dann vielleicht ja fest, dass man hellwach ist – und es die ganze Zeit während des Irrens und in der Lektüre längst war, und dass eine klare, ruhige Stimme unverwandt spricht, wie beschwörend, und dass man hier richtig ist. Denn ein „Lachen verbreitet sich fruchtbar über den Ufern.“ (*Ufer*, S. 129)

Atem schöpfend denkt man an die ursprüngliche Bestimmung im Wortsinn. Die Stimme spricht aus einer Nacht, die aus der Mitte des einen Bildes strömt, das man sich letztlich aussucht, insgeheim; es lässt sich nur aufnehmen, wenn man sich ganz und gar hineinbegibt – nicht, wie man meinen könnte, aus gebührender Beobachterdistanz.

Und mit Sanftmut, Schwingen, Verblassen, gebändigter Kraft und dem Widerspruch im „Antritt der Ruhe“ (S. 129), endet es nicht –

Mörbisch am See, Spätsommer 2019